くるり 丹波・篠山

山城の記憶、江戸時代のなごり、日本遺産たっぷり

ゆったり、のんびり近場の楽園

CONTENTS

- 2 アクセス
- 4 **優雅な気分ですごす 近場の旅**
- 10 丹波がもっと好きになる **農家民宿に泊まろう**
- 12 丹波篠山 **大地の恵みを味わう**
- 16 **ご朱印でめぐる** 丹波篠山の古刹
- 22 お祭り
- 24 丹波篠山・地酒の魅力
- 26 直売所MAP
- 28 パン屋さんMAP
- 30 森で冒険しよう

- 33 **篠山市エリア**
- 38 篠山城下町
- 59 丹南
- 64 西紀
- 65 八上・日置
- 66 村雲・丸山・城北
- 68 福住
- 70 今田
- 74 丹波焼
- 78 もみじを訪ねて寺社めぐり
- 80 歴史ものがたり **織田信長と丹波の戦国武将**

- 87 **丹波市エリア**
- 89 柏原
- 100 山南
- 104 氷上・青垣
- 108 春日・市島

- 114 **中井権次一統の足跡**を訪ねて
- 115 体験プログラム＆味覚狩り
- 116 お土産セレクション

- 120 **おさんぽマップ**
- 124 イベントスケジュール
- 126 インデックス

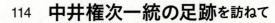

アクセス

丹後・京阪神からはJRを使って鉄道で、あるいは高速道路を使って車で行けるエリアです。
播州からも道路が整備されています。近くて便利、自然いっぱいの魅力的な街に出かけましょう。

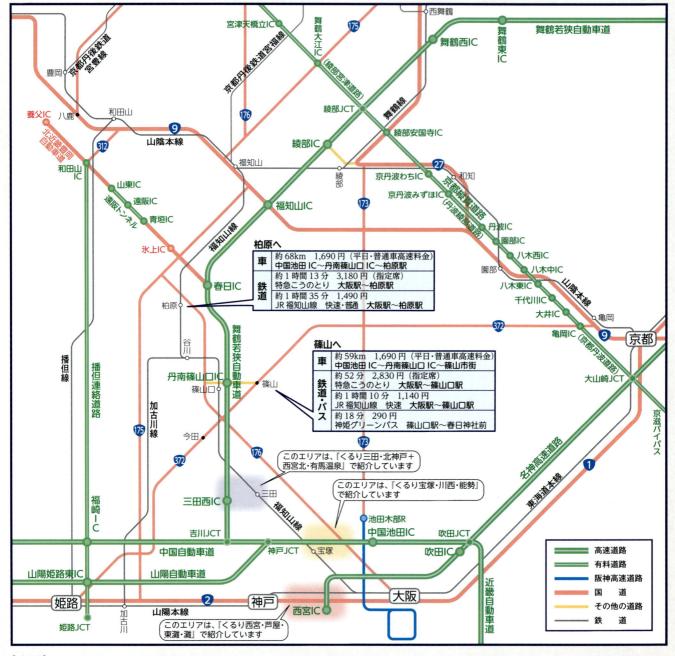

【ご注意】
- 本書に記載している情報は、2016年7月現在のものです。データや地図の地名、各施設のサービス内容などは変更になる場合がありますので、あらかじめご了承ください。
- 料理の内容や価格は時季によって変更になることがあります。
- 表示価格はすべて8％の税込みです。
- 年末年始、お盆、その他特別な休日は記載しておりません。事前に各施設にご確認ください。
- エリアの名前は本書が使いやすいように分類しています。住所は全て兵庫県です。

優雅な気分ですごす 近場の旅

篠山城下5ヵ所にある宿泊施設「篠山城下町ホテルNIPPONIA」。国の特区事業※に認定され、
旅館業法の特例や建築基準法の緩和を受けて実現した篠山だけのスタイルだ。
フロントとレストランがあるONAE棟をはじめ、築100年超の古民家を含む、
実際に人が住んでいた民家計5棟がホテルとして生まれ変わった。

※関西圏国家戦略特区の特区事業に認定

ONAE棟。蔵を改装した102号室。ロフトから見下ろしたベッドルーム。離れた場所にあるSAWASIRO、NOZI、SION、SYOUZI-ANと合わせて一つのホテルだ

朝はフレンチのシェフが作る和定食。スフレ風卵焼きに梅干しとラズベリーのソースが新鮮

なつかしくて新鮮 はじめての古民家宿

篠山城下町ホテル NIPPONIA
ささやまじょうかまちほてる にっぽにあ

京都に続く旧山陰街道沿いに建つONAE棟は、元銀行経営者の邸宅として明治時代に建てられた。玄関を入ると昔ながらの土間があり、1階はレストラン。2階、離れ、蔵を改装した全5室の客室がある。フレンチレストランでは、地元の米や野菜を中心に近郊の山海の滋味が味わえる。アミューズで出された地域野菜のガルグイユの美しさと味に、あとに続く料理へ期待が高まる。メインは、但馬牛を桜の葉で包んでローストしたもの。桜塩で食べると、肉からふわっと桜の香りが漂い、甘じょっぱい味は桜の塩漬けを思わせる。次の季節にはどんな料理が登場するのだろうと、期待せずにはいられない。

¥ 宿泊/20,520円〜（1室2名、1泊2食付）※季節、部屋により異なる　ランチ/デジュネA（前菜、スープ、メイン、デザート、パン、コーヒーor紅茶）3,024円。デジュネB（前菜、スープ、魚料理、肉料理、デザート、パン、コーヒーor紅茶）4,860円
☎ 0120-210-289　住 篠山市西町25 ONAE棟
営［レストラン］11:30〜14:00（LO）、17:30〜20:00（LO）
※要予約　休 火曜不定休　P あり　［MAP］P37 C-2

月替わりのディナーコースよりメインの肉料理。添えられた野菜の美しさと味を確かめたい

集落丸山
しゅうらくまるやま

静かな山里に建つ、築150年以上の屋敷を一棟一組だけで利用。リノベーションされた室内は快適そのもの。夕食は自炊するもよし、提携先の料理店でとるもよし、送迎付きなのでお酒も楽しめる。そして迎える朝、鳥の声だけが聞こえる清々しい空間で、地元の野菜をふんだんに使った朝食から1日が始まる。

¥ 宿泊43,200円（1棟利用料）、別途サービス料1人5,400円（1泊朝食付、小学生以上）、※季節により異なる
☎ 0120-210-289（NIPPONIA総合窓口）　住 篠山市丸山30　休 不定休　P あり【夕食提携店】ろあん松田、ボーシュマン、ささらい、近又、たかさご、いわや　［MAP］P34 D-2

静かな山里の 人々の暮らしに 溶け込む時間

人里はなれた秘湯で
滋味あふれるぼたん鍋

篭坊温泉 民宿 湯の壺
かごぼうおんせん みんしゅく ゆのつぼ

　フレッシュな空気が心地よい深い山の中にある篭坊温泉に、四季折々の景色と料理が楽しめる宿がある。食事は店主が生まれ育った築200年の家をリノベーションした「紀真暮庵」のいろり端で食べることができる。エサがなくなる冬に備えて秋にドングリや山栗を食べた猪は、脂の部分に旨みをたくわえて食感もよい。篠山の中でも、特に寒いこの地の野生の猪肉は旨みが格別だ。野菜はもちろん、コンニャク、豆腐などの加工品も手作りする主人。いろり端で手作りのぬくもりを感じながら食べる料理は、心と体にしみわたる。

¥宿泊／12,420円（1泊2食付）日帰り／6,912円（食事＋入浴）※アルコール持ち込み可
☎090-9097-9060　住篠山市後川新田篭坊79　Pあり
[MAP] P34 E-4

ぼたん鍋

新鮮な野菜としっかりとした味わいの豆腐やコンニャク

優雅な気分ですごす 近場の旅

王地山公園 ささやま荘
おうじやまこうえん ささやまそう

　風情ある妻入商家群の町並みが残る河原町。ゆるやかな坂を上がると、勝負事の神様として親しまれている「まけきらい稲荷」、そして王地山公園ささやま荘がある。料理は旬を生かした会席料理をはじめ、地元の素材を使ったメニューが盛りだくさん。なかでも特産品の猪肉を使ったぼたん鍋は、赤味噌ベースのものと、白味噌に新鮮な牛乳を合わせた雪ぼたん鍋の2種類。天然の猪肉と篠山産のたっぷりの野菜を味わいながら地酒が進む。春は桜、秋は紅葉が美しい王地山公園の自然をいつくしみ、露天風呂のある温泉でゆっくり過ごしたい。

¥ぼたん鍋4,500円、雪ぼたん鍋5,800円、上ぼたん鍋5,800円　宿泊10,800円〜（1泊2食付、4名1室）
※利用人数、季節、曜日によって料金変更あり
☎079-552-1127　住篠山市河原町474
営[レストラン]7:30〜21:00　Pあり
[MAP] P36 F-3　→P84にも関連記事

\ぼたん鍋/

赤味噌ベースのぼたん鍋は、コクのある味と香りが食欲をそそり、シメのうどんまでしっかりと食べられる

クリーミーな甘さと香りが特徴の雪ぼたん鍋。シメのおじやは粉チーズと卵でリゾット風に

桜や紅葉、四季の美しさを肌で感じる宿

丹波篠山 近又
たんばささやま きんまた

創業は1609（慶長14）年、篠山城と同じだけの時を刻んできた老舗旅館がリニューアル。昔は主にすき焼きで食べられていた猪肉を、最初に味噌で煮込んで供したことで知られている。最上級ロース肉を使ったコラーゲンたっぷりの鍋は、少し甘口の秘伝の合わせ味噌が旨みの秘訣。シメは残ったダシで半熟玉子を作り、ご飯にかける近又特製ぼたん丼。ほかにも会席料理など、旬の幸を使ったメニューが盛りだくさんだ。

¥ぼたん鍋コース2人前〜（11月〜3月）7,344円〜、会席料理（4月〜10月）6,480円〜※要予約、篠山牛しゃぶしゃぶ8,640円／宿泊17,280円（1泊2日）
☎079-552-2191　11:00〜13:00(LO)、17:00〜19:00(LO)　篠山市二階町81　Pあり　[MAP] P36 D-2

400年の歴史をもつ旅館に伝わる秘伝のぼたん鍋

ぼたん鍋
上質な食材を惜しむことなく贅沢にいただく

リニューアルした館内はいっそう豪華に

クラシカルな北欧風ホテルでくつろぎの時間を

新たんば荘
しんたんばそう

北欧風のクラシックな本館と避暑地を思わせるログハウス棟があるホテル。冬の名物、ぼたん鍋は、地元の野菜と猪肉を独自ブレンドの味噌で煮込む。猪から出るダシが味噌に溶けて野菜の味をまろやかに引き立てる。泊まりはもちろん、食事だけ、風呂だけの利用も可能だ。初夏はホタルが飛び、秋には紅葉が美しい、清らかな自然が残るエリアでリラックス。

¥ぼたん鍋5,940円、宿泊（1泊2食付、4名1室、日曜〜金曜）1人11,124円〜／60歳以上のシニアプラン1泊2食10,368円
☎079-552-3111　篠山市郡家451-4　Pあり
[MAP] P37 B-1

ぼたん鍋
たっぷりの野菜を煮込む、あっさり食べられるぼたん鍋

優雅な気分ですごす **近場の旅**

森のリゾートで美しい自然と美味を堪能

森と湖に囲まれた空気が清々しい

地元の素材を生かした会席料理に舌鼓

露天風呂で心地よい自然の風を感じる

ユニトピアささやま

自然を生かした広大な敷地に、ホテル、バンガロー、アスレチック、テニスコートなどがあるリゾート施設。上質なホテルの雰囲気とサービスが安心できる。食事は、丹波の旬の素材を生かした会席料理や鍋料理が味わえる。また、ミネラル成分が豊富な光明石温泉には露天風呂もあり、身も心もほぐされる。

¥宿泊（レイクプラザ）12,960円～（1泊2食付、4名1室1名）／バンガロー1棟4,320円～／ユニトピア会席4,320円／入場料 大人300円、小人（5歳～小学6年生）200円
☎079-552-5222 住篠山市矢代231-1 Pあり
[MAP] P35 C-3　→P64、85、115にも関連記事

奥丹波の自然に癒やされる宿

客室は全て上品な和室

丹波市立休養施設 やすら樹
たんばしりつきゅうようしせつ やすらぎ

建物の正面には池が、後ろには森が広がり、奥丹波の自然を心ゆくまで感じられる宿泊施設。夕食のメニューは地野菜を使った季節の会席料理が基本で、冬はぼたん鍋も選べる。いろりに炭をおこし、新鮮な野菜と猪肉を煮込んで食べる鍋はなんとも風情がある。日帰りでの宴会利用や、テラス席でのBBQも楽しめる。

¥宿泊／8,420円～（1泊2食付）日帰り／会席3,780円～、ぼたん鍋5,600円～
☎0795-82-0678 住丹波市氷上町清住1068-1 Pあり [MAP] P88 A-2

＼ぼたん鍋／
ダシがおいしいと宿泊客から好評のぼたん鍋

「山之神湯」の名残を伝える温泉宿

伊勢と京都で修業を重ねた料理長が腕をふるう

温泉のみの利用も可能

国領温泉 助七
こくりょうおんせん すけしち

日帰りでも十分に満足できる温泉宿。男湯「赤鬼の湯」は、明智光秀の丹波攻めを退け、織田信長にも恐れられたという戦国大名・荻野（赤井）直正の異名が由来。女湯「お福の湯」は、三代将軍徳川家光の乳母で知られる春日局の幼名から。おもてなしの心を添えた会席料理は、旬の素材を月替わりで。初夏は中庭のサツキ、秋には山の紅葉を眺めながら堪能したい。

¥日帰り／神戸牛すき焼き・しゃぶしゃぶミニ御膳5,184円（温泉付）　宿泊／平日1人16,350円（2名1室、1泊2食付、入湯税込）、入浴料／大人700円、小学生500円、3歳以上300円
☎0795-75-0010 住丹波市春日町国領206 営温泉11:00～19:00 休不定休
Pあり [MAP] P88 C-3

丹波がもっと好きになる 農家民宿に泊まろう

今、全国で増えている農家民宿。宿泊客は農作業体験をしたり、とれたての野菜料理を味わうことができる。そして何より、その魅力の最たるはオーナーさんたちとのふれあい。食事を共にしたり、観光案内をしてもらえたり、シェアハウスが農家民宿になっていたりと、宿により、そのスタイルも様々だ。いつもの旅行とは一味ちがった、新しい丹波の楽しみ方をご紹介。

丹波の木材を使った、木の香りがする施設。丹波の良さをじっくり味わってくつろいでもらえるよう、自然を感じる空間にしたかったそう

野菜、たまご、チーズ すべてが自家製

ある日の夕食はポトフ、豆ごはん、いんげんのごま和えなど。お腹いっぱいで気持ちも満たされる

愛情たっぷりに野菜の話をしてくれる婦木さん。「今、農村はおもしろい！」が婦木さんのキャッチフレーズだ

婦木農場
ふきのうじょう

丹波で江戸時代から続く農家、婦木農場。野菜だけでなく、鶏や乳牛を飼って卵や牛乳を得、さらにチーズを作る。自家栽培の小麦や大豆で醤油や味噌、麦茶まで作るというから驚きだ。長年にわたり受け継がれた農家の知恵と技術を駆使しているが、その新たな展開として、10代目の婦木克則さんが2013（平成25）年にオープンしたのが農家体験施設「まる」。「野菜がどんな風に、どんな人によって作られているのか知ってほしい」という思いから生まれた。そこで過ごす時間の最大の楽しみは食事。宿の中央にある吹き抜けのダイニングで、婦木さん夫婦と一緒に食卓を囲む。10種類超の野菜や米はもちろん全て自家製で、長男の敬介さんが作るナチュラルチーズや、次男の陽介さんが作るベーコンも食卓にあがる。作り手と直に言葉を交わしながら囲む、贅沢な食卓だ。

¥農家24時間体感宿泊プラン（1泊2食付）大人7,560円、中高生5,400円、幼児～小学生4,320円、3歳以下2,160円、0歳無料／ゆっくり宿泊プラン（1泊2食付）大人6,480円、中高生以下は上記と同じ※3月～11月のみ営業。毎月第1・3日曜はカフェを開催　☎0795-74-0820　住丹波市春日町野村83　休不定休　Pあり　[MAP] P88 C-2

丹波がもっと好きになる 農家民宿に泊まろう

1泊1グループ限定 オリジナルの過ごし方を提案

客室となる和室のほか、1階の食堂や2階の談話スペースも自由に使える

三角さん夫妻と愛犬のうらら

小野尻庵
おのじりあん

　三角修一さん夫妻が営む小野尻庵は、1泊1グループ限定で最大13名まで泊まれる。同窓会など同世代のグループや、家族3世代など客層は様々だ。リピーターが7割を超える人気の理由は、きめ細やかな対応力。苗植えや収穫など季節毎の農作業体験のほか、ホタルツアーや石金山へのハイキングなど、丹波観光をコースに組み込むこともできる。食事は夏場をのぞいて鍋料理がメイン。畑の野菜をたっぷり使ったぼたん鍋や、鶏の水炊きがいただける。

¥宿泊／6,000円〜（1泊2食付）、6,500円〜（1泊3食付）
※食事の内容により変動。宿泊プラン、食事内容共に応相談
☎0795-70-8111　丹波市山南町小野尻849　Pあり
[MAP] P88 A-4

年間を通じて40〜50種類の野菜や果物を作っている

おいしいもの、楽しい人が集まるコミュニティーハウス

花田さんのお父さんが作る畑で収穫体験などができる

共有スペースの壁一面は、塗料を塗って黒板にした。楽しい雰囲気が伝わってくる

自然体で穏やかな雰囲気の花田さん。「元々何かをやろうと思って移住した訳ではない。いろんなご縁がつながって、今の暮らしになりました」

フラワーハウス

　大阪から移住した花田匡平さんが2014（平成26）年にオープンしたコミュニティーハウス。5人が住むシェアハウスであり、イベントスペースでもある。住人は趣味で養蜂をしている女性や、養鶏農家勤務、市役所勤めの男性など、業種も境遇も様々な20〜40代。Airbnbを利用して海外からのお客さんが来ることもあり、宿泊客も交えて共有のダイニングで盛り上がることも珍しくない。通常の農業体験のほか、黒豆や酒米作りのイベントも開催している。宿泊は5人収容のドミトリー。

¥農家民宿宿泊プラン7,000円（1泊2食付／ドミトリー）
※別途年会費1,000円
✉info@flowerplanning.com　丹波市春日町下三井庄30-1　Pあり　[MAP] P88 C-3

丹波篠山 大地の恵みを味わう

福住のまちに溶け込む古民家レストラン

トラットリア アル ラグー 〔イタリアン〕

宿場町の雰囲気が残る福住の町家にはためくイタリア国旗が目印。オーナーシェフの兼井昌二さんが家族とともに篠山に移り住んだのは5年前。サラリーマン時代から幾度もイタリアを旅して、料理上手なマンマたちに習った料理がベースだ。トスカーナ、ローマ、ナポリの郷土料理が中心で、煮込みとねかせることを繰り返して、しっかり味をなじませる。パンとドルチェは、料理教室で教えている奥さんが担当。要望があれば予約制でシェフの料理教室も開催してもらえる。

¥ お任せランチ（アンティパスト、パスタ、自家製パン、ドルチェ、カフェ）3,024円、パスタ1,080円〜
☎ 079-506-3170 住 篠山市福住384 営 12:00〜15:00、18:00〜21:00 ※夜は2〜3日前までに要予約
[カフェ] 12:00〜18:00 休 月・火曜（祝日は営業）
P あり　[MAP] P34 F-3　→P28、68にも関連記事

写真左／オーナーシェフの兼井さん。事前予約で手打ちパスタやイタリア料理の講習も受けられる　写真右上／盛りだくさんの前菜。マリネ（イワシ、ニンジン、ズッキーニ）、ブルスケッタ（豚肉のリエット、鶏レバームース）、カポナータ、パルマ産生ハム　写真右下／パスタはリガトーニ。ソースは篠山牛のスジ肉をじっくり煮込み、ローズマリーとセージで風味をつけたもの

丹波篠山 **大地の恵みを味わう**

Cafe&Atelier 里山工房くもべ [和食]
かふぇあんどあとりえ さとやまこうぼうくもべ

　閉校になった旧雲部小学校が、地元の有志らによって新たなスペースに生まれ変わった。靴を下駄箱にしまって校舎の中に入ると、なつかしい匂いに幼い頃を思い出す。かつての職員室はおしゃれなカフェになり、ランチタイムは地域の人や観光客で賑わう。地元の野菜をふんだんに使った週替わりの定食は栄養もボリュームも満点だ。農産品やパンの直売コーナーがあるのもうれしい。

¥ くもべ定食950円、カレーライス850円、シフォンケーキ400円、オーガニックコーヒー400円
☎ 079-556-2570　住 篠山市西本庄西ノ山2-1　営 11:00〜15:30（LO、ランチ14:00LO）　休 火〜木曜　P あり
[MAP] P34 E-3

旧小学校の校舎で味わう
野菜たっぷりの定食

雲部でとれた野菜とお米、黒豆味噌の味噌汁など、手作りがおいしい定食

彩食健美 愛食 [和食]
さいしょくけんび まなしょく

　ランチは和・洋・中それぞれ1ヵ月ごとにメニューが変わる。酵素栄養学を基本に栄養を損なわないよう生食を生かした調理が特徴。ごはんは玄米か雑穀、ドレッシングは手作り、夜に摘むことで窒素ガスを出さず苦みが出ない無農薬のベビーリーフは、シンプルにサラダで。砂糖はキビ糖、塩は竹焼き塩など、身体にいい素材をさらにおいしく仕上げる。併設の癒しの空間、「ほっと・アルジェ」の利用とセットになったランチプランがお得だ。

¥ ランチ1,404円、デザートセット594円、あったかプラン+ランチ3,780円（コーヒー・デザート付）
☎ 079-594-5012　住 篠山市味間南1007-1-1　営 11:00〜16:30（ランチ〜14:30、カフェ14:30〜）、ディナーは要予約（金・土・日曜17:30〜22:00）　休 なし（12月〜3月は月曜）
P あり　[MAP] P35 B-3　→P86にも関連記事

重ね煮調理で野菜の旨みと
栄養をまるごといただく

なめらかな食感の杏仁豆腐

黒豆の枝豆入りごはんや山の芋のとろろなど、地元でとれた旬の野菜をふんだんに

但馬牛のラグー。
麺は手打ちのタリアッテレ

ワインと一緒に食べたい
丹波のイタリアン

写真左／青森出身、都庁の職員を経て料理の道へ入った成田真也シェフ。趣味のロードバイクを楽しみながら、丹波暮らしを満喫中 写真右上／契約農家から届く野菜たっぷりの丹波の恵みの前菜 写真右下／デザートは、黒豆ジェラートと地元徳寿園の無農薬ほうじ茶を使ったベイクドチーズケーキ、大納言小豆をしのばせて

Olmo （イタリアン）
おるも

　古民家を改装したレストランとして2000（平成12）年にオープン。靴を脱いで上がるスタイルがすっかり定着した人気店だ。畑の達人が作る農産物を取り寄せ、丹波産を意識して料理をアレンジするシェフ。地元柏原の産品であるキノコ類や丹波地鶏など、おいしい素材が料理をあと押ししてくれる。ソムリエが選ぶワインのラインナップが充実しているので、ぜひ料理にあわせて飲んでみたい。JR柏原駅から近いので、電車の旅を楽しむのもいいだろう。

¥平日限定ランチ1,200円、ピッコロランチ1,700円（前菜、パスタ2種類よりチョイス、デザート、ドリンク）、オルモランチ3,000円（前菜、パスタ2種類よりチョイス、肉または魚、デザート、ドリンク）
☎0795-73-3500 住丹波市柏原町柏原119 営11:30～14:00（LO）、18:00～20:30（LO） 休火曜、第1水曜 Pあり [MAP] P89 B-2

丹波篠山 **大地の恵みを味わう**

千華 〔和食〕
せんか

　田畑が広がるのどかな地域に、築70年の民家を改装したレストランがある。脱サラで農業を始めた生田雅和さんが経営する田畑は今や2町歩。年月をかけて試行錯誤の末作り上げた土で育てた米と野菜を使った料理が味わえる。「おにぎりランチスペシャル」は、赤穂の塩で握ったおにぎり2つにパリパリの明石の焼き海苔を添えて。メインのほか、朝採り新鮮野菜のサラダや黒豆味噌で作る具だくさんの味噌汁、だしまき玉子などが並ぶ。なかでもお米ベースの季節のもっちりポタージュは、なんともいえない旨みにあふれている。

¥ おにぎりランチスペシャル1,296円
☎ 090-6232-0831　住 丹波市山南町北太田234
営 11:00〜14:30※夜は8名以上で要予約
休 月〜水曜、1・10月※不定休ありのためHPで要確認
P あり [MAP] P88 B-4

写真左上／この日のメインはとれたて野菜のかき揚げと舞鶴産アジの姿揚げ。こだわり卵のだしまきと小鉢も並ぶ。おにぎりのお代わりは2個までOK。おにぎりを卵かけご飯に変更することもできる　写真左下／山々と200坪の庭に囲まれたくつろぎの空間　写真右／お店の営業日以外は畑で汗を流す、笑顔がステキな女将さん

プロ農家がはじめた
とっておきのレストラン

ご朱印でめぐる丹波篠山の古刹

ここもチェック！
かつて中国・杭州から持ち帰った天目カエデが色づく秋は、紅葉の名所として知られている。

1325（正中2）年、遠谿祖雄（えんけいそゆう）禅師によって開創された臨済宗中峰派の本山。遠谿祖雄禅師は、青垣町にあった山垣城の城主足立遠政公のひ孫で、中国に渡り、杭州の天目山で約10年間修行し悟りを開く。帰国後、天目山に似た佐治郷小倉に寺を創建、後醍醐天皇より高源寺号を賜り、後柏原天皇の代に勅願寺となる。日本全国に末寺があり、数代に渡り外国語ができる住職が九州で海外との橋渡しをするなど、外交官的な役割も果たしていた。しかし、天正年間、織田信長の命による明智光秀の丹波攻めによって建物を焼失。享保の初めに天岩明啓（てんがんめいけい）禅師が再興し、1799年に弘巌玄猊（こうがんげんげい）禅師が柏原藩の援助を得て再建。仏殿は天岩明啓、惣門・山門、方丈・多宝塔は、弘巌玄猊禅師が建立。

4人以上で予約すれば方丈で精進料理を食べることができる。一品一品運ばれてくる料理は滋味深く、美しい。合間に住職が語られるお寺の歴史や禅の思想はとてもわかりやすく、ひと口食べるごとに心が静かになっていく。

天目カエデと精進料理
由緒ある寺で心豊かにすごす

高源寺 こうげんじ

拝観料300円
☎0795-87-5081　丹波市青垣町桧倉514　8:00〜17:00　あり
[MAP] P88 A-1 →P79にも関連記事

「大覚殿」大いなる悟りを意味する。天皇家ゆかりの菊の紋が押されている

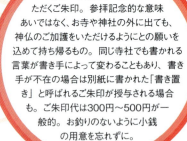
精進料理の定番ともいえる胡麻豆腐をはじめ、季節の味がいただける

お寺や神社に参拝をした証にいただくご朱印。参拝記念的な意味あいではなく、お寺や神社の外に出ても、神仏のご加護をいただけるようにとの願いを込めて持ち帰るもの。同じ寺社でも書かれる言葉が書き手によって変わることもあり、書き手が不在の場合は別紙に書かれた「書き置き」と呼ばれるご朱印が授与される場合も。ご朱印代は300円〜500円が一般的。お釣りのないように小銭の用意を忘れずに。

ここもチェック！
春はカタクリとスイセン、夏はハス、秋はコスモスと紅葉など、周辺には見どころ、撮影ポイントがたくさんある。

謎を秘めた多くの仏像が歴史ロマンを物語る「丹波の正倉院」

8世紀半ば、行基菩薩によって開かれ、のちに曹洞宗に改宗したとされる。戦国時代には多くの僧兵を抱えた山岳密教の大寺院だったが、明智光秀の丹波攻めで焼き討ちにあう。その際、僧侶たちが大切な仏像を谷へ隠したと伝わる。1695（元禄8）年、疫病が流行し多くの村人が亡くなった。占い師に「仏罰」であると告げられた村人たちは、谷に放置されていた仏像を集め、お堂に安置して祀った。現在、達身寺でこの仏像を拝むことができるが、未完成の仏像が多数あること、「一寺に二躯（いったい）」祀ればよいとされる兜跋毘沙門天（とばつびしゃもんてん）が16躯もあったり、本尊仏になる仏像が数多く残っていることから、丹波仏師の工房があったのではないかともいわれている。しかし古文書がないため真相はわからない。平安後期から鎌倉初期の仏像約80躯のうち、国重要文化財12躯、兵庫県指定文化財34躯を有する。

下腹が膨らんだスタイルは「達身寺様式」とよばれる

ご本尊阿弥陀如来、薬師如来、十一面観音

本尊仏になる仏像が数多く残っているなど謎が多い

達身寺 たっしんじ

拝観料400円
☎0795-82-0762 ⌂丹波市氷上町清住259 営9:00～16:00 Ｐあり
[MAP] P88 A-2 →P79にも関連記事

渡辺健臣住職

「稲麻殿（とうまでん）」。仏様がたくさんおられて、いろいろな人がお参りに来るお寺という意味

慧日寺 えにちじ

☎0795-77-0354　住丹波市山南町太田127-1　Pあり
[MAP] P88 B-4　→ P79、103にも関連記事

山に囲まれてひっそりと佇む禅寺

細川頼之・頼元により1375(永和元)年に建立、開山は特峯禅師。18カ寺の山内寺院と多くの末寺があり、丹波禅寺の中心として栄えた。長い参道に続く山門をくぐると目に入るのは、茅葺きの方丈(本堂)と檜皮葺きの仏殿。静寂に包まれて、時が止まったような風景が広がる。兵火によって焼失するが、京都・妙心寺の別心禅師によって再興。1667(寛文7)年に失火のため再度全焼し、再建されたのが現在の建物。仏殿には、ご本尊の釈迦如来をはじめ釈迦三尊が鎮座し、間近で拝むことができる。方丈、鐘楼など5棟は国の登録有形文化財。6月末〜7月には姫ホタルが現れる。境内をゆっくり見学して、日が暮れたらチカッ、チカッと歯切れ良く光る姫ホタルを見ながら参道を歩きたい。

ここもチェック！
事前予約で精進料理や持鉢料理(修行僧の食事)も可能。自然との調和が美しい庭をながめながら、ゆったりと食事が楽しめる。持鉢とはすべてが重なる5つの碗のこと。

中央に「慧日精舎」と書かれ、左上には臨済宗の朱印と山号

県の重要文化財指定の仏殿に祀られている釈迦三尊

仏殿の天井に描かれている龍の絵は寺宝

白毫寺 びゃくごうじ

拝観料300円
☎0795-85-0259　住丹波市市島町白毫寺709　営8:00〜17:00
[MAP] P88 B-2　→ P79、125にも関連記事

花を通して仏に触れる和みの寺

丹波市内に15ある天台宗の寺の一つで、705(慶雲2)年、法道仙人により開基。かつては七堂伽藍が建ち並び、93坊を擁する名刹として栄え、兵火による焼失の後に再興した。白毫寺の名はご本尊の薬師瑠璃光如来(秘仏)の眉間に集まる白い毛(白毫)から。境内の心字池にかかる木造の太鼓橋は人間の煩悩と仏の悟りの境界を表し、渡りにくい橋を渡るには努力が必要であり、心を磨かなくてはならないという教えを伝えている。「寺は人が集まる場所であるべき」という先代住職の考えから、心を和ませる花に囲まれた寺を目指し、セッコク、サクラ、フジ、シャクナゲなどの花々や紅葉が四季折々に美しい。特に5月初旬には、120mの藤棚から垂れ下がる九尺藤が見事な姿を見せる。

ここもチェック！
五穀豊穣と子孫繁栄を表わす「陰陽の庭」は、歴代城主が子宝祈願に訪れたといわれる。「兵庫の名庭100選」に選ばれ、5月中旬にはセッコクが美しく咲き誇る。

中央に書かれている「医王尊」は、ご本尊「薬師如来」の別名

オリジナルのご朱印帳

荒樋勝善住職

5月初旬から中旬には、花穂の長い「九尺藤」が美しい

5月中旬が見頃のセッコク

円通寺 えんつうじ

入山料300円（紅葉の季節のみ）
☎0795-82-1992　丹波市氷上町御油983　Ｐあり
[MAP] P88 A-2　→P79にも関連記事

ご本尊の観音様を意味する「大悲殿」の文字

600年以上の歴史をもつ古刹

1382（永徳2）年、将軍足利義満が後円融天皇の勅命で創建。室町時代から江戸末期まで、200もの末寺院と二千石を越える寺領を有し、丹波、但馬、播磨、摂津と広く君臨していた。本堂などに足利家の家紋と近衛家の家紋が多く残ることから由緒ある寺だとわかる。また丹波攻めの際、明智光秀の本陣に豪氏荻野喜右衛門が赴き説得をしたため、兵火を免れた。光秀直筆の下馬札と禁制が遺されている。

ここもチェック！
本堂の左奥に祀られている子育地蔵は、子授けのご利益があるとされ、多くの人が訪れる。

柏原八幡宮 かいばらはちまんぐう

☎0795-72-0156　丹波市柏原町柏原3625　Ｐあり
[MAP] P89 B-1　→P90、114、125にも関連記事

神社のご朱印はお寺に比べてシンプルで、神社名のみ書かれる場合が多い

古くから親しまれてきた「丹波柏原の厄神さん」

1024（万寿元）年、京都石清水八幡宮より勧請し、丹波国「柏原別宮」として創建。兵火により焼失し、桃山時代に再々建された社殿が現存するもので、本殿と拝殿がつながる複合社殿は、日光東照宮などに見られる権現造りの先駆けとなる貴重な建築。鳥居は江戸初期のもので、木造では日本最古といわれる。本殿裏手には三重塔があり、神社に塔があるのは全国に18のみと珍しい。明治初期の神仏分離令でも難を逃れ、八幡文庫として残された。鐘楼の梵鐘は、3回撞けば難を逃れて福を授かるといわれる「厄除け開運の釣り鐘」。

毎年2月17・18日に行われる厄除け大祭の時には鐘楼に行列ができる

ここもチェック！
一の鳥居にかかる神額の八の字は、八幡さんのお使いといわれる鳩の形をしている。三重塔では、火災に合わないように描かれた水鳥や四隅を支える力士の姿も必見。

岩瀧寺 がんりゅうじ

☎0795-82-7675　丹波市氷上町香良613-4　Ｐあり
[MAP] P88 B-2　→P79、125にも関連記事

ご本尊の不動明王の名が記された文字

滝の音が山々に響きわたるお静かな尼寺

弘仁年間（810〜824年）に嵯峨天皇の勅願によって、弘法大師空海が開創したと伝えられている。1951（昭和26）年より尼寺として、地域の人に親しまれている。境内に落差約13メートルと約20メートルの独鈷の滝と不二の滝と約20メートルの独鈷の滝を有し、ご本尊不動明王は、岩窟内に祀られている。また、地中で根がつながっている樹齢500年の見事な夫婦杉が知られている。

清らかな水が流れる独鈷の滝

ここもチェック！
美しい自然に包まれた山寺。紅葉の名所としても知られ、季節には多くの人が訪れる。紅葉狩りの合間に茶店で一服するのがおすすめ。

高山寺 こうさんじ

☎0795-82-1261　丹波市氷上町常楽50-1　9:00〜17:00　Ｐ200円
[MAP] P88 B-2　→P79にも関連記事

中央の朱印は、ご本尊「十一面観音菩薩」の梵字

朱塗りの山門が目を引く美しい寺

761（天平宝字5）年、法道仙人が弘浪山の山中で千日間の祈願の後、十一面観音菩薩を感得したのが開基。兵火で焼失後、東大寺大仏殿を復興した重源聖人によって再興、1600（慶長5）年、日向の開長上人によって現在の高山寺の基盤が整った。ご本尊の十一面観音は龍に乗った姿で、氷上町三原の内尾氏明神の本地仏とされる。33年に一度のご開帳で、次回は2024（平成36）年。

山門から続く参道を彩る紅葉が有名。新緑の頃も美しい

ここもチェック！
本堂の裏手にひっそりと並ぶ四国八十八所の仏さん。末寺の参道に祀られていたものを一つひとつこの場所に移した。年月を経た素朴な姿にそっと手を合わせたい。

まけきらい稲荷

まけきらいいなり

☎079-552-0655　篠山市河原町92　Pあり
[MAP] P36 F-3

日蓮宗の本経寺奥の院として、王地山に稲荷が祀られ、現在は王地山公園の西側に王地山稲荷の本殿と中殿、拝殿が並ぶ。篠山藩主の青山忠裕公が江戸幕府の老中上覧大相撲で、ある年、いつもはまけてばかりだった篠山藩の力士たちが勝ち星をおさめた。忠裕公が力士をもてなそうとして探したところ、篠山から力士を差し向けてないことがわかった。調べてみると、力士の四股名が全てご領内のお稲荷さんの名前だったといい、忠裕公はそれぞれの稲荷に幟や絵馬を奉納した。それ以来勝利の神様として広く信仰されるようになったのが「まけきらい稲荷」の起こりといわれる。

勝利の神様として信仰される
王地山にあるお稲荷さん

ここもチェック！

稲荷横階段下の信徒休憩所は、山の斜面に建てられ、京都・清水の舞台のように風情がある建物。眼下の公園に咲く花々が美しい。

中央にご本尊名と、お経の言葉を表した朱印

赤い鳥居が連なる200段ほどの石段

石段中ほどにある平吉稲荷は、足腰の痛みを和らげてくれるご利益がある

四季折々に美しい「花の寺」

高蔵寺　こうぞうじ

拝観料300円
☎079-596-0636　篠山市高倉276　⏰（時間確認）　Pあり
[MAP] P35 B-2　→P78にも関連記事

646（大化2）年、播磨一乗寺を草創した法道仙人が、金銀珠玉の架け橋が黒頭峯の嶺にかかるのを見て、宝橋山と称したのが始まりとされる。七堂伽藍21坊を誇ったが、兵火により焼失。兵火をまぬがれたご本尊の十一面観世音菩薩は、大和・長谷寺の観音像と同木同作と伝わる。秘仏だが33年に1度開帳され、次回は平成30年に。境内には、学問成就の文殊堂、阿弥陀堂などのほか、1995（平成7）年に丹波地方の天台宗7ヵ寺で設立された新・丹波七福神の弁財天が祀られている。

2001（平成13）年に建立された阿弥陀堂に祀られている阿弥陀如来

ここもチェック！

「黒頭の名水」として親しまれている岩間から湧き出る「観音水」。長寿の水、美貌の水ともいわれている。この水を使って焼く人気のパン屋さんも。

中央に観音様を祀る本堂を意味する「大悲殿」の文字と、ご本尊「十一面観音菩薩」の梵字の朱印

和田寺 わでんじ

☎079-597-2033　住篠山市今田町下小野原69　Pあり
[MAP] P37 A-3

近畿楽寿観音三十三ケ所霊場のご朱印

季節ごとの風情をみせる由緒ある寺

646（大化2）年、和田山頂に法道仙人により開かれた。820（弘仁11）年、京都妙法院末となり栄えたが、源平の合戦の際、源義経によって焼き討ちにあう。一旦山頂で再建した後、1389（慶応元）年に伽藍を現在地に移し、本堂を再建。その後も兵火にあうが、武将や皇族の擁護を受けて最盛期には48の僧坊を抱えるまでになった。現在は一寺となったが、和田寺山のあちらこちらに、かつての僧坊の跡が残っている。

鎌倉期製作、寄木造りの金剛力士像が安置してある仁王門

ここもチェック！
県下最大で郷土記念物に指定されているシイの巨木や、参道途中の頭痛地蔵がある「せんじゅの森」は自然が満喫できるハイキングコース！

文保寺 ぶんぽうじ

11月のみ入山志納金が必要
☎079-594-0073　住篠山市味間南1097
Pあり　[MAP] P35 B-4　→P78、114にも関連記事

中央の朱印は、ご本尊の聖観音と千手観音の梵字。ご朱印は駐車場近くの観明院で

山のパワーを感じる緑あふれる寺

645（大化元）年、インドより渡ってきた法道仙人により開基。ご本尊は法道仙人自作の聖観世音菩薩と千手観音菩薩で、最盛期には21坊の堂舎があったといわれている。風格のある楼門（仁王門）は、篠山市内最大規模で、市の指定文化財。仁王門をぬけて本堂へと続く参道は自然にあふれ、春は桜が美しい。秋には紅葉が見事に色づき、「丹波篠山もみじ三山」の一寺でもある。二躯のご本尊は秘仏で、平成30年秋に開帳される予定。

江戸時代に再興した本堂

ここもチェック！
拝殿や扉には、丹波や但馬などの神社仏閣に多くの作品を残した中井権次一統の彫刻がある。

弘誓寺 ぐぜいじ

☎079-594-0039　住篠山市宇土611
Pあり　[MAP] P35 C-4

中央に観音様を祀るお堂を意味する「大悲閣」の文字と、ご本尊「聖観音菩薩」の梵字の朱印

病気封じの「宇土の観音さん」

大化年間に法道仙人によって開かれた。かつては背後の槙が峰一帯に「槙が峰千軒坊」といわれるほど僧坊が軒を連ね、修行が行なわれていたと伝わる。廃寺になっていた時期もあり、本堂や多宝塔、平和堂などは昭和に入ってから建立された。「宇土の観音さん」と親しまれているご本尊の聖観世音菩薩は、滝の水底で難を逃れたことから「清瀧山 弘誓寺」に改めた。弘誓寺とは、「海のごとく大きな誓いをもって」というお経の言葉。

緑に覆われた石段を上がると山門。境内に大きな銀杏の木がある

ここもチェック！
パワーが伝わってくるような樹齢400年の銀杏の木。近くを走るバイパスからは、観音様の姿のように見えるという声も。

大國寺 だいこくじ

本堂内拝観料800円（入山料含む）
☎079-594-0212　住篠山市味間奥162
営8:00～17:00　Pあり
[MAP] P35 B-3　→P78にも関連記事

中央にはご本尊「薬師如来」の文字と、三如来（薬師如来、大日如来、阿弥陀如来）の梵字の朱印

一仏三身を表わす貴重なご本尊が鎮座

国家安泰を祈願した空鉢仙人が自作の薬師如来を安置し、大化年間に開創した。兵火により焼失するが、花園天皇の帰依で再建。大国主命の寺を意味する「安泰山 大国寺」の名を賜った。ご本尊は、薬師如来坐像で、一仏三身の貴重な仏像。薬師如来を中心に大日如来と阿弥陀如来の三如来、その両側に持国天立像と増長天立像をともに祀る。仏像5躯、本堂ともに重要文化財。土日・祝日には、精進カフェがオープン。

「お悩み事」相談も受け付ける気さくな酒井裕圓住職

ここもチェック！
合掌し、仏さんと目が合う位置で拝むと微笑んでいるような表情に見えるのが不思議。本堂から境内を振り返って、「仏さん目線で見る紅葉が一番美しい」と住職。

丹波市 TAMBA

お祭り

首切地蔵尊秋季大祭 | 9月第4日曜

首から上の願い事が叶うとされる首切地蔵尊の秋祭り。護摩供養に病気回復や入試祈願に多くの参拝者が訪れる。JR福知山線・谷川駅からシャトルバスが運行される。

丹波市山南町谷川 → P103、125に関連記事

織田まつり | 10月中旬

織田家ゆかりの城下町柏原で開催される住民参加の時代行列。信長の弟で柏原藩初代藩主、織田信包や信長の姪、浅井三姉妹などに扮し、柏原のまちを練り歩く。丹波の味覚をテーマにした「丹波うまいもんフェスタ」も同時開催。

丹波市柏原町柏原　柏原八幡宮周辺・柏原藩陣屋跡
→ P125にも関連記事

黒井城まつり | 11月第2土曜

国史跡・黒井城跡にちなみ、手作りの甲冑を着た住民らが武者行列を行う地域のイベント。

丹波市春日町黒井 → P125にも関連記事

丹波竹田祭り | 10月第2日曜

別名六社祭りといい、上加茂、中加茂、一宮、伊都伎、二宮、三宮の六社の神輿が一宮神社に集結し、宮入りが行われる。

丹波市市島町中竹田1203　→ P125にも関連記事

今出熊野神社 はだか祭り | 11月3日

男たちが腰にさらしを巻いて裸になり、勇ましいかけ声をかけあって、身を守ってくれるという御幣（ごへい）を奪い合う。健康を祈る神事として知られ、氏子だけでなく健康長寿を願う参拝者が多く訪れる。

丹波市青垣町遠阪1645
→ P125にも関連記事

ふるさとのお祭りは思い出深いもの。お祭りに合わせて帰省する人も多く、なつかしい顔ぶれの再会があちらこちらで見られる。地域外から訪れる人も、まちの伝統にふれることができるのが魅力だ。ルールやマナーを守って、お祭りを楽しもう。

篠山市 SASAYAMA

春日神社の祭礼 | 10月第3土・日曜

篠山地方の3大祭りの一つ。京都・祇園祭りの山鉾を模して造られた9台の鉾山と4基の金神輿が巡行され、8基の太鼓神輿が境内に練り込む。宵宮、本宮ともに大にぎわいで、深まる秋を感じる風物詩となっている。

篠山市城下町周辺　→ P124にも関連記事

波々伯部（ほほかべ）神社例祭 | 8月第1土・日曜

京都・八坂神社から分霊をうけたのが始まりで、「丹波の祇園さん」として知られる神社。例祭（祇園祭）は、8つの集落から豪華なだんじりが出て、山車の宮入りと神輿の渡御がある。造り山で演じる神事は、無形民俗文化財に選定されている貴重な民俗芸能。

篠山市宮ノ前3-2　→ P124にも関連記事

蛙おどり | 10月第1土曜

踊りの内容は、「惣田楽」と「いずまい」という輪舞。締太鼓とビンザサラの演奏が交代するときに、「カエロカエロ」と声をかけることから、「蛙おどり」と呼ばれている。神舞保存会が行ない、住吉神社祭礼の宵宮に奉納される。

篠山市今田町上小野原　→ P124にも関連記事

デカンショ祭り | 8月15日・16日

日本遺産に認定された篠山のデカンショ祭りは、民謡「デカンショ節」にあわせて市民が連を組んで踊る盛大な盆踊りの祭り。巨大な木造やぐらでの総踊りは見もので、会場の篠山城跡三の丸広場周辺にはたくさんの出店が出て盛り上がる。

篠山市北新町　→ P124にも関連記事

やさしいお酒 秀月（しゅうげつ）

澄みきった夜空に浮かぶ丸い月のように人の心を包み込む

地方発送承ります

丹波杜氏のふるさと丹波篠山で100年間、真面目に醸し続けている地酒です。幸せな酔い心地を招く、美味しいお酒をお届けします。

狩場酒造場（かりばしゅぞうじょう）
☎ 0120-789-468　HP http://www.syuugetu.jp/
FAX 079-595-0421　住 篠山市波賀野500　P 駐車場あり

丹波篠山・地酒の魅力

稲穂が実る秋、酒蔵では杜氏と蔵人が酒造りの準備を始める。とれたばかりの新米が運び込まれて、いよいよ酒造りのスタートだ。冬の気配を感じる頃、一番絞りの新酒ができる。そして春まで寒造りは続く。

山深い丹波篠山地方は、清らかな水に恵まれ、おいしい米が栽培され、冬の厳しい寒さが酒造りに適した環境を生み出す。日本酒造りで重要な水と米と気候、この3つの要素がそろっているのだ。そこに加えて、酒造りを取り仕切る優れた杜氏の存在がある。

古くから丹波では、農閑期に各地の造り酒屋に蔵人を連れて酒造りに行く丹波杜氏がいた。なかでも同じ兵庫県の酒どころ、灘の繁栄は丹波杜氏の力が大きいといわれている。

丹波杜氏率いる蔵人は、いくつもの役割を分担し、その技術と結束力で数々の銘酒を造り出してきた。今でも灘や伏見の酒蔵で丹波杜氏の活躍を見ることができる。

丹波杜氏のふるさと、丹波篠山の造り酒屋でももちろん丹波杜氏が地酒を醸している。受け継がれた技術に加えて、近年では分析技術の進歩によって、データを蓄積してより良い酒を目指し、丹波杜氏、蔵人、蔵元が蔵の垣根を超えて情報交換をしているのだ。その技はいっそう磨かれ、よりおいしい地酒となって、ファンを唸らせている。

丹波篠山でしか手に入らない地酒を求めて、ぜひ蔵元を訪ねてみよう。

| <銘柄> 秀月 | 山田錦で造る味わい深い酒 |

自家栽培の酒米、山田錦を60%まで精米する贅沢な酒造り。波賀野の清らかな伏流水を用いて杜氏と蔵人がつきっきりで造りあげる「秀月」のラインナップは、6種類の季節の生酒など、米の持つ旨みを生かした奥深い味わいだ。

かりばしゅぞうじょう
狩場酒造場
☎0120-789-468　篠山市波賀野500　10:00〜19:00
休なし　Pあり　[MAP] P35 B-4 → P63にも関連記事

【秀月 本醸造】さっぱりとして飲みやすく様々な料理に合う

【秀月 生酒】すっきり爽やかな口当たり。冷酒で飲むのがおすすめ

【秀月 淡麗純米酒】山田錦の旨みが特徴で、食中酒としておいしい

<銘柄> 奥丹波　伝統の技を生かした純米酒

　江戸時代から300年続く蔵。酒米を育てる農家ごとにタンクを分けて仕込む少量生産の純米酒は希少品。時間をかけて醸す伝統的な製法から生まれる味は、料理の味を引き立てながら、さわやかな余韻を残す。

やまなしゅぞう
山名酒造
☎0795-85-0015　丹波市市島町上田211
休なし　Pあり　[MAP] P88 C-2

【奥丹波 純米酒】一年を通して変わらぬ穏やかな風味。冬は燗につけて、夏は冷やすもよし

【奥丹波 野条穂】幻の酒米「野条穂」を復活させた純米吟醸酒。ふくよかな香りと深い味わいが特徴

【奥丹波 純米大吟醸】兵庫山田錦100％。日本酒の枠を超える珠玉の一本

<銘柄> 小鼓　丹波の魅力を伝える多種多様な地酒

　地元市島でとれる高級酒米「山田錦」や幻の酒米「但馬強力」、さらには栗や黒豆などを使い、丹波の魅力を生かした酒を造り、酒が苦手な人を意識した飲みやすい味にも取り組んでいる。「小鼓」は高浜虚子の命名による。

にしやましゅぞうじょう
西山酒造場
☎0795-86-0331　丹波市市島町中竹田1171
休なし　Pあり　[MAP] P88 C-1

【純米花小鼓】燗でおいしい純米酒

【小鼓 路上有花 桃花】女性にも親しみやすいソフトな味

【小鼓 純米吟醸生酒】生酒の独特のさわやかな味わい

<銘柄> 鳳鳴　伝統にプラスアルファの多彩な味

　吟醸、大吟醸の他に、梅酒やワイン風リキュール「楼蘭」、仕込みタンクにクラシック音楽の振動を与えて醸造する「夢の扉」など、個性的な酒造りに取り組む。1975（昭和50）年まで仕込みをしていた蔵を「ほろ酔い城下蔵」として一般公開。

ほうめいしゅぞう
鳳鳴酒造
☎079-552-6338　篠山市呉服町46ほろ酔い城下蔵　営9:30〜17:00
休火曜　Pなし　[MAP] P36 D-2 → P42にも関連記事

【鳳鳴 大吟醸】山田錦を50％まで精白。豊かな吟醸香が特徴

【鳳鳴 田舎酒】無濾過生原酒らしいフルーティな味

【鳳鳴 楼蘭】酸味と甘味のバランスがほど良く、ワイン風の口当たり

直売所INDEX

はーとぴああおぞらいち
❶ ハートピア青空市
☎079-554-5500 篠山市細工所117 営8:00～14:00（売切れ次第閉店） 休平日 [MAP] P34 E-3

たんばささやまけいこくのもりこうえん ふるさとぶかい あおぞらいち
❷ 丹波篠山渓谷の森公園 ふるさと部会 青空市
☎079-555-2323 篠山市後川上1170 営5～8・12月8:30～12:00、9～11月8:30～13:00 休5～8・12月は月～土曜、9～11月は月～金曜、1月～4月は全日 [MAP] P34 E-4 →P115にも関連記事

いちじまたんばたろう
❸ いちじま丹波太郎
☎0795-80-3750 丹波市市島町上垣25-3 営9:00～17:30 休火曜 [MAP] P88 C-2

みちのえき たんばおばあちゃんのさと
❹ 道の駅 丹波おばあちゃんの里
☎0795-70-3001 丹波市春日町七日市710 営8:30～18:00 休なし [MAP] P88 C-2

くろまめのやかた しんせんやさいいち
❺ 黒豆の館 新鮮野菜市
☎079-590-8077 篠山市下板井511-2 営9:00～17:00 休火曜（祝日および手創り市の場合は翌日休） [MAP] P35 B-2 →P64にも関連記事

じぇいえーたんばささやま みどりかん
❻ JA丹波ささやま 味土里館
☎079-590-1185 篠山市東吹942-1 営10:00～18:00 休水曜 [MAP] P35 C-3 →P29、32にも関連記事

たんばしゅんのいち なんぶてん
❼ 丹波旬の市 南部店
☎090-7114-3874 篠山市古森258-2 営6:30～15:00 休月～金曜 [MAP] P37 B-3

こんだしゅんさいいち みのり
❽ こんだ旬菜市 農
☎079-590-3377 篠山市今田町今田新田21-10（今田薬師温泉 ぬくもりの郷内） 営10:00～17:00 休火曜（祝日の場合営業） [MAP] P37 A-4 →P73にも関連記事

しんせんやさいちょくばいしょ むらいちば
❾ 新鮮野菜直売所 夢楽市場
☎0795-87-2300 丹波市青垣町西芦田541-1（道の駅「あおがき」内） 営8:00～16:00 休火曜 [MAP] P88 A-1

あいさいかんおなざ
❿ 愛菜館おなざ
☎0795-87-5240 丹波市青垣町大名草759-1 営8:00～16:00 休月～金曜 [MAP] P88 A-1

かどののさと
⓫ かどのの郷
☎0795-82-4224 丹波市氷上町上新庄445-4 営8:30～17:00、食事処11:00～15:00 休水曜（祝日の場合営業）、不定休あり [MAP] P88 A-2

じぇいえーたんばひかみ とれたてやさいちょくばいしょ
⓬ JA丹波ひかみ とれたて野菜直売所
☎0795-82-5130 丹波市氷上町市辺440 JA丹波ひかみ本店前 営9:00～18:00 休なし [MAP] P88 B-2

ひかみしきさいかん
⓭ ひかみ四季菜館
☎0795-82-8766 丹波市氷上町犬岡461-1 営7:00～18:30 休なし [MAP] P88 B-2

ほうらいのさと
⓮ 蓬莱の郷
☎0795-82-8827 丹波市氷上町佐野1402 営7:00～18:00 休なし [MAP] P88 A-3

丹波の特産品を全国の食卓へお届けします

冷凍クール便 送料一律810円（北海道・沖縄・離島は1,510円）

山の芋・丹波おこわ・丹波栗・黒大豆枝豆・コシヒカリ

◆便利な個包装。袋のまま自然解凍でお召し上がりください。

生とろろ
「丹波篠山産」山の芋を丁寧にすりおろしました。いろいろな料理に合わせていただけます。
60g×12袋　3,620円（税込）

味とろろ
すりおろした「丹波篠山産」山の芋を、鰹と昆布のダシでのばし、醤油ベースのまろやかな味に仕上げました。
60g×15袋　3,880円（税込）

丹波おこわ 詰め合せ
丹波篠山の食材を入れた伝統料理「おこわ」を、一つ一つ竹皮で包んで蒸しました。
各種8個入（2個入×4袋）※組み合せ自由
3,780円（税込）

WEB SHOP　http://www.yamayu.co.jp/　やまゆ 検索

丹波篠山 山の芋・黒大豆卸問屋

株式会社 河南勇（カンナンイサム）商店
〒669-2221 兵庫県篠山市西古佐954-4
tel.079-594-0803　fax.079-594-0805

丹波特産品 産地直売・直送
季節舗やまゆ
〒669-2321 兵庫県篠山市黒岡17-7
tel.079-594-0807

パン屋さんMAP

食パン、塩パン、黒豆パン、
丹波篠山の個性あふれるパン屋さんを紹介！

07 こにしのぱん
小西のパン
☎079-552-0052 住篠山市魚屋町23 営8:30〜売切れ次第閉店 休火曜 Pあり [MAP] P37 C-2

黒豆パン3個入り550円
ふっくら大粒の黒豆をたっぷりと練り込んだ黒豆パンの専門店。

06 しろからごふん
白殻五粉
☎079-552-8881 住篠山市小川町2 営10:00〜18:00 休火・水曜(祝日は営業) Pなし [MAP] P36 E-3

もっちもちブール473円、自家製カスタードのクリームパン247円
オーガニックレーズンの天然酵母を使った、自然な甘みが特徴。

03
パートリア

☎079-556-5709 住篠山市黒岡736-2 営11:30〜15:00、18:00〜22:00 休月曜、第1・3火曜(祝日は営業あり) P [MAP] P35 C-3 →P45にも関連記事

丹波大納言小豆とゴマのバターサンド240円、丹波黒豆とクリームチーズ240円、カルボナーラ240円
イタリアンのソースを包んだり、黒豆とクリームチーズを加えたり、独自のベーグルは、初めてのおいしさ。

01
アルラグー

☎079-506-3070 住篠山市福住384 営12:00〜15:00、[カフェ] 12:00〜18:00 休月・火曜(祝日は営業) Pあり [MAP] P34 F-3 →P12、68にも関連記事

バゲット583円、丹波篠山福住産黒豆田舎パン302円、丹波篠山福住産渋皮栗ロール302円※冷凍で取り寄せ可。

04
アインコルン

☎0120-33-7752 住篠山市呉服町44-1 営7:00〜19:00 休水曜 Pなし [MAP] P36 D-2

丹波黒豆ぱん157円
黒豆ぎっしり、平たいフォルムの黒豆パン。

02 ののはな
NONOHANA

☎079-506-6625 住篠山市八上上299 営10:00〜18:00 (土・日曜9:00〜) 休月・火曜、祝日 Pあり [MAP] P34 D-3 →P69にも関連記事

マフィン150円〜
卵や乳製品を使わず、国産小麦の味と香りがそのまま感じられるパンが並ぶ。ほんのり甘いマフィンも子どもたちに人気だ。

08 にくのとうもん
肉の東門
☎079-552-2914 住篠山市西新町182-1 営9:00〜19:00 休水曜 P [MAP] P36 D-4 →P54にも関連記事

肉の東門オリジナルカレーパン130円
直営牧場で育てた篠山牛をじっくり煮込んだ特製カレーを隙間なく詰め込んだお肉屋さんのカレーパン。

食べごたえのある
天然酵母パンが勢ぞろい

粉と水、塩、牛乳、イーストなどシンプルな材料で生地を作る天然酵母パンの店。シナモンロールは、密度のつまったギュッとした食感で食べごたえ十分。生地にたっぷり巻かれたシナモンの香りがたまらない。

05 とうすと
toast!
☎079-506-2133 住篠山市河原町91-1 営10:00〜売切れ次第閉店 休月〜土(日曜のみ営業) Pあり [MAP] P36 F-3

イギリス人のオコナさんが奥様と営む

シナモンロール150円、ライ麦雑穀パン350円

地図上の表示:
- 10 JA丹波ささやま 味土里館
- 07 小西のパン
- 03 パートリア
- 04 アインコルン
- 05 toast!
- 01 アルラグー
- 09 小麦工房 麦の穂
- 08 肉の東門
- 06 白殻五粉
- 02 NONOHANA
- 11 ちいさなパン畑
- 13 和みぱん みのりや

28

⑰ パンの蔵 穂音
ぱんのくら ほのん

☎0795-78-9460 住丹波市柏原町柏原46 営10:00～18:30 休日曜、第2・4月曜 Pあり [MAP] P89 B-1

ラウンド食パン（メープル・ハーフ）300円
ずっしり重みがある食パンは、メープルシロップの甘く香ばしい香りがまるでスイーツのよう。

⑱ よしだ屋
よしだや

☎0795-72-3386 住丹波市柏原町柏原819-2 営10:00～18:00 休月・日曜 Pあり [MAP] P89 B-2

クリームパン200円、ライ麦全粒粉パン280円
国産小麦100%、自家製酵母のパンは素朴で香ばしい味。

⑲ 藤森芳酵堂
ふじもりほうこうどう

☎079-506-4544 住篠山市今田町今田359 営11:00～17:00（売切れ次第閉店） 休平日 Pあり [MAP] P37 A-3

あん食ぱん（5枚入り）300円、黒豆ぱん160円
あんこを三つ編み状に練り込み、ソフトな甘みがまんべんなく広がるあん食パン。

⑬ 和みぱん みのりや
なごみぱん みのりや

☎079-597-3786 住篠山市今田町辰巳226 営11:30～18:00（土日・祝日10:30～） 休木曜、第1・3水曜 Pあり [MAP] P37 B-3

りんごちゃん180円、白あんとクリームチーズ（夏期のみ）180円
国産小麦、国産米から作る天然酵母、地元の清らかな湧き水がベースの和風パン。

⑭ 丹波・穂のWonne
たんば ほのゔぉんね

☎0795-86-8156 住丹波市市島町与戸725-1 営10:00～18:00 休火曜（祝日は営業） Pあり [MAP] P88 C-2 →P111にも関連記事

クルミ入りライブレッド600円、ライブレッド500円
現地の味そのままに、風味のあるドイツパンが並ぶ。売り切れが心配な人は予約を。

⑮ ロンドン

☎0795-74-0013 住丹波市春日町黒井1555サンウエキ内 営9:30～20:00 休月・木曜、第3日曜 [MAP] P88 C-2

丹波大納言小豆もっちり食パン1斤350円、丹波大納言小豆あんバターパン220円
地元の丹波大納言小豆を使ったパンは毎週土曜のみの販売。念のため電話で確認を。

⑯ ジュイール

☎0795-74-0013 住丹波市春日町黒井1555サンウエキ内 営9:30～20:00 休※水曜のみ出店 [MAP] P88 C-2

あんバター塩ぱん160円。甘い餡子をバターの塩気が引き締める。

シンプルチーズパン160円。こんがりチーズの風味がポイント。

⑩ JA丹波ささやま 味土里館
じぇいえーたんばささやま みどりかん

☎079-590-1185 住篠山市東吹942-1 営10:00～18:00 休水曜 Pあり [MAP] P35 C-3 →P27、32にも関連記事

小判パン150円
コシヒカリの米粉を使ったモチモチの焼きたてパンが並ぶ。イートインコーナーも利用できる。

⑪ ちいさなパン畑
ちいさなぱんばたけ

☎079-594-1867 住篠山市東吹505 営8:00～18:00 休水・日曜 Pあり [MAP] P35 C-3 →P61にも関連記事

丹波黒豆Q756円、くろっちょ216円、ぽく、ショコラ162円
どれも小ぶりで、いろんな味を食卓に並べるのが楽しい。

⑫ 丹波焼窯元のパン屋さん ルーンカフェ正元窯
たんばやきかまもとのぱんやさん るーんかふぇしょうげんがま

☎079-597-3211 住篠山市今田町下立杭11-2 営11:30～16:00 休月～木曜（営業は金～日曜、祝日） Pあり [MAP] P37 A-4

各種パン150円～
小麦の旨みを生かした天然酵母パン。ソフト系からハード系までいろいろある。

焼き上がりが待ち遠しい、お母さんの味

アパートの1室、玄関からカウンター越しにパンを選ぶ。パン作りを始めて10年以上になる井谷友代さんが一人で切り盛りする。「子どもの朝食用に焼いていたパン」と同じ、家庭用のオーブンで少しずつ焼くから、やわらかくしっとり焼き上がる。1日15回、15種類以上のパンに手間と愛情がたっぷり込められている。

⑨ 小麦工房 麦の穂
こむぎこうぼう むぎのほ

☎080-5322-9797 住篠山市南新町230メゾンささやま112 営12:00～売切れ次第閉店 休日～水曜 Pあり [MAP] P36 D-4

食パン300円

---

⑮ ロンドン
⑯ ジュイール
⑭ 丹波・穂のWonne
⑰ パンの蔵 穂音
⑱ よしだ屋
⑲ 藤森芳酵堂
⑫ 丹波焼窯元のパン屋さん ルーンカフェ正元窯

アンバターロール130円
篠山の和菓子屋梅角堂のあんこを使用

森で冒険しよう

リスか鳥になった気分で

| 体験 | フォレストアドベンチャー |

- スタンダードプラン（5サイト）大人3,600円、子ども2,600円
- エキサイトプラン（7サイト）大人4,000円、子ども3,000円
- ☎090-9119-3380　篠山市火打岩字畑山256-3　9:00〜15:00（季節によって変動あり）　不定休（冬季休園期間あり）
- Pあり　[MAP] P34 D-2

プーリーがしっかりケーブルにかかっているかなど、教わった確認事項を忠実に守って木の上へ

縄梯子もスリリングだ

駐車場から見える多紀連山の山々が美しい。絶景の夕日スポットでもある

＜注意＞利用条件／小学4年生以上もしくは身長140cm以上、体重130kgまで。18歳未満は、必ず18歳以上の保護者もしくは同等の資格を持つ人と一緒に参加
服装／長い髪は束ねる。汚れてもいい服装、はき慣れた運動靴。スカート、ヒールは不可

多紀連山の登山道脇に作られたダイナミックなアドベンチャー施設。フォレストアドベンチャーは、フランス、アルタス社が世界に展開しているアスレチックで、篠山は日本国内で19番目にオープンした。自然の森林を活用したコースは、高い木の上にあってスリル満点だ。安全に遊べるように、命綱をはじめとする装備を身に付け、30分ほどのブリーフィングを受けてから木の上に。ゆらゆら揺れる縄梯子をのぼる時からドキドキ。木の上に上がると12メートルという高さに一瞬足がすくむが、清々しい森の空気のあと押しを受けて一歩踏み出せば、ロープを急滑走し、すぐに爽快な気分が味わえる。ゴールは木のチップの上に着地。ここが案外難しいので、しっかりレクチャー内容を反すうしておこう。

初心者向けから上級者向けまで7つのサイトがある。コース内で一番高いポイントは地上20m

丹波篠山の自然の恵み、ふるさとの味は
JA丹波ささやま直営店で

四季を味わう味の郷土館

JA丹波ささやま直営店　特産館ささやま

丹波篠山牛しぐれ丼

特産品・土産物
丹波篠山の黒枝豆、栗、山の芋、コシヒカリといった特産品やお土産物が揃っています。

レストラン　味の郷土館
焼肉、ステーキ、どんぶりなど、地元の特産物をふんだんに使った料理をご用意しています。
※観光バス駐車可。レストランの貸し切りもご相談ください。

黒豆の碑

☎079-552-3386　🏠篠山市黒岡70-1　🕙10:00～18:00
レストラン11:00～17:00（16:30LO）、土日11:00～18:00（17:30LO）　休水曜

http://www.ja-tanbasasayama.or.jp/jatanba/tokusan/index.html

丹波篠山で生産された安心安全な農産物

味土里館（みどり）

農産物直売所　ファーマーズマーケット
◎毎朝、畑から届く新鮮な農産物
◎精米したてのお米
◎丁寧に作られた特産品や惣菜などの加工品
◎焼きたてパン
◎丹波篠山牛、地酒　など

☎079-590-1185　🏠篠山市東吹942-1　🕙10:00～18:00　休水曜

http://www.ja-tanbasasayama.or.jp/html/agri/midori.html

篠山市エリア
SASAYAMA

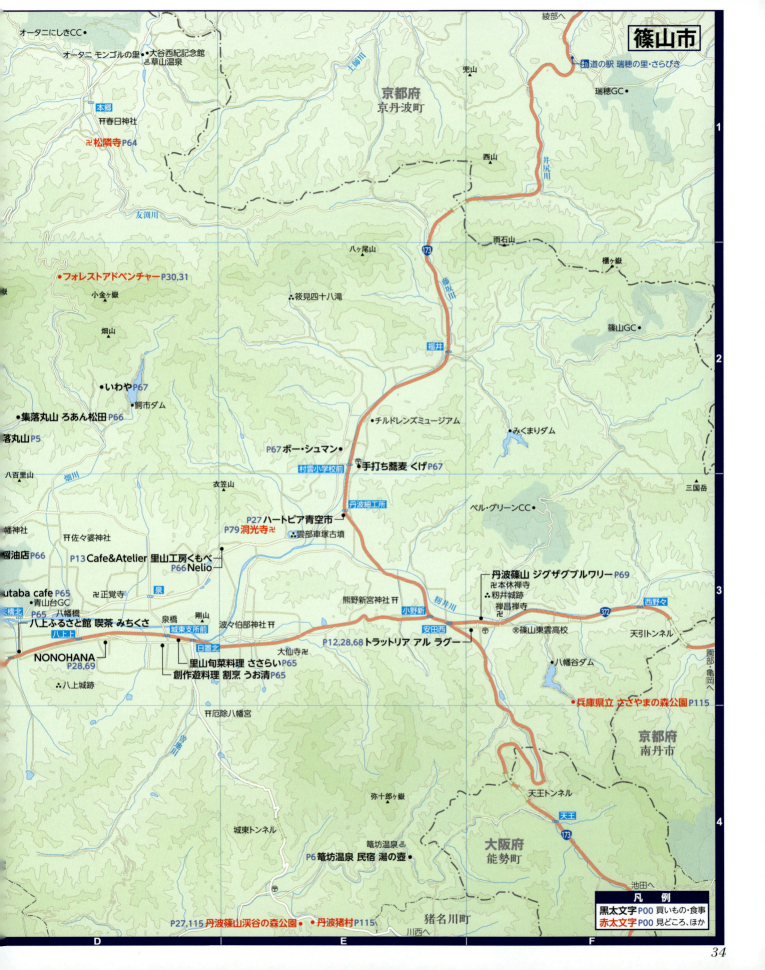

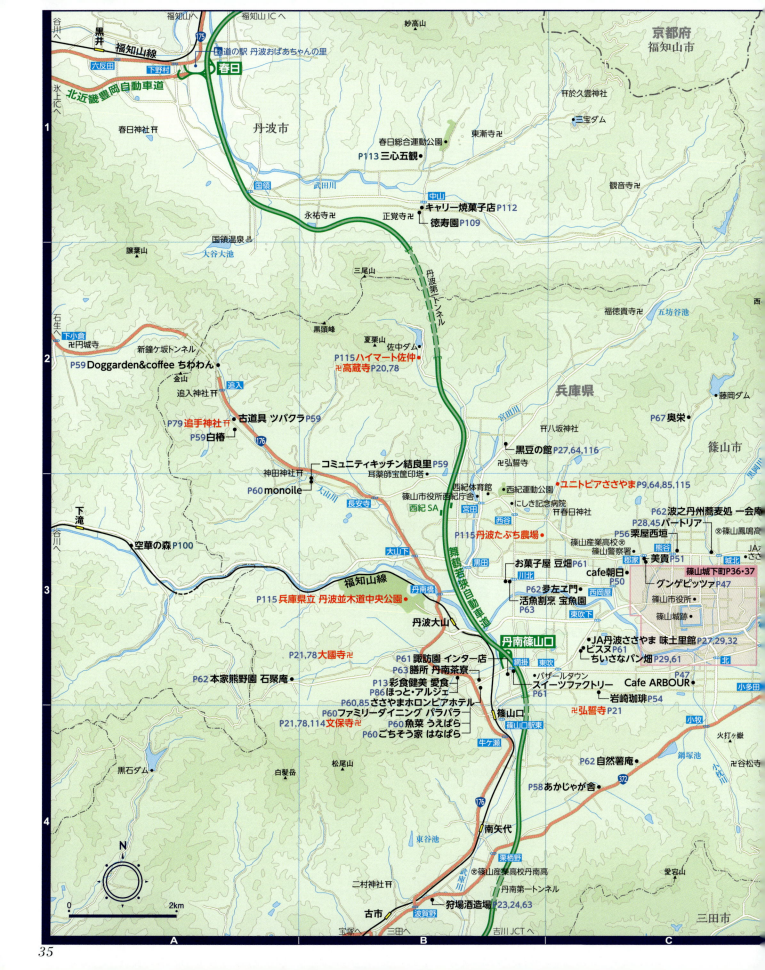

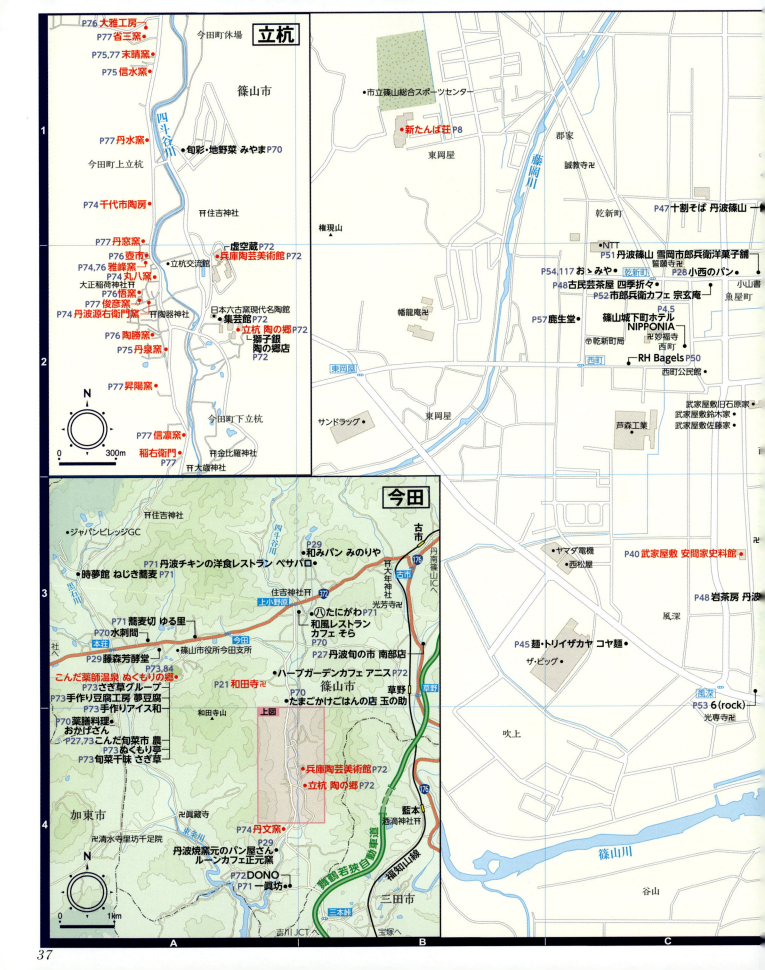

篠山城下町

日本遺産に認定

「丹波篠山デカンショ節―民謡に乗せて歌い継ぐふるさとの記憶」

デカンショ節は、江戸時代の民謡を起源とし、地域の風土や人情、名所、名産品などを歌詞に盛り込み、現在では300番まであり、人々に親しまれている。デカンショ節には、篠山城跡、城下町、武家屋敷などの名所旧跡が登場し、伝統ある町並みや文化を歌で体感することができる。

日本遺産とは、地域の歴史的魅力や特色を通じて、文化や伝統を認定するとともに、ストーリーを語る上で不可欠な文化財群を総合的に整備・活用・発信することで、地域の活性化を図る制度。篠山市は2015（平成27）年4月、第1号として認定された（全国で18件）。

城下町のシンボルマーク

　徳川家康の命により、1609(慶長14)年に築城。初代城主・松平康重から260年間、徳川譜代大名4家が城主を務めた。当初から天守閣がなく、石垣の上に大書院と二の丸御殿があったが、1944(昭和19）年、木造の大書院が火災で焼失。2000（平成12）年に大書院が復元された。館内には篠山城に関する資料が展示されており、外堀や石垣などの城郭遺構は往時の姿をとどめる貴重な文化遺産である。

<small>ささやまじょうあととおおしょいん</small>
篠山城跡と大書院 見どころ

📞079-552-4500　🏠篠山市北新町2-3　🕘9:00〜17:00（受付終了16:30）
休月曜（祝日は営業、翌日休）　Ｐあり　[MAP] P36 D-2

野面積と打込みはぎで積まれた頑丈な石垣

2006（平成18）年に日本100名城に選定された

篠山城本丸跡に建つ藩主ゆかりの神社

　篠山城跡の元本丸に鎮座する神社。祭神は旧藩主青山家の遠祖、青山忠俊および青山家中興の藩主と称された青山忠裕。毎年4月上旬に行われる青山神社の例祭では、甲冑に身を包んだ少年少女の武者行列が桜吹雪の中を練り歩く。

<small>あおやまじんじゃ</small>
青山神社 寺社

[MAP] P36 D-3

SASAYAMA JOKAMACHI

江戸時代の人々の暮らしを学ぶ

　篠山藩主・青山家の別邸「桂園舎」を中心に、3棟の土蔵と長屋からなる資料館。全国的にも珍しい貴重な漢学書関係の版木1,200余枚、篠山城石垣修理伺の図面、藩制始末略、鼠草紙絵巻などが展示されており、所蔵される青山家ゆかりの品々から江戸期の政治や文化、生活を学ぶことができる。敷地内に新たにできた「丹波篠山デカンショ館」では、シアターやタブレット、パネルから、日本遺産を構成する文化財の情報を知ることができる。

あおやまれきしむら・でかんしょかん
青山歴史村・デカンショ館　見どころ

大人300円、高校・大学生200円、小・中学生100円
079-552-0056　篠山市北新町48　9:00〜17:00（受付終了16:30）　月曜（祝日は営業、翌日休）　Pあり　[MAP] P36 D-2

デカンショ館に展示されているデカンショ祭りのポスター

金櫃（市指定文化財）藩政時代に使われていた石の金庫

桂園舎の一室

日本最古の木造建築裁判所が美術館に

　1891(明治24)年に建築され、1981(昭和56)年まで使用されていた篠山地方裁判所を、外観や旧法廷をそのまま残して改装した美術館。篠山に伝わる武具や絵画、江戸末期に篠山藩窯として開窯した王地山焼の名品などが展示されている。実際に使われていた法廷がそのまま残されており、模擬裁判が体験できる。

ささやましりつれきしびじゅつかん
篠山市立歴史美術館　見どころ

大人300円、高校・大学生200円、小・中学生100円　※特別展期間中は料金の変更あり
079-552-0601　篠山市呉服町53　9:00〜17:00（受付終了16:30）　月曜（祝日は営業、翌日休）　Pあり　[MAP] P36 D-2

かつての法廷を見学することができる

江戸時代の武家の暮らしがわかる屋敷

　1830(天保元)年以降に建てられ、篠山藩主の家臣・安間家の住宅として使用されてきた武家屋敷。通称「御徒士町」と呼ばれる武家屋敷群の一角にある標準的な徒士住宅であったとされている。茅葺で曲屋形式の母屋と瓦葺の土蔵が残っているほか、安間家伝来の古文書や日常に使われた食器類、藩ゆかりの武具や資料が展示されており、当時の武家の暮らしぶりを垣間見ることができる。

<small>ぶけやしき あんまけしりょうかん</small>
武家屋敷 安間家資料館 見どころ

🎫 大人200円、高校・大学生100円、小・中学生50円
📞 079-552-6933　🏠 篠山市西新町95　🕘 9:00～17:00（受付終了16:30）　🚫 月曜（祝日は営業、翌日休）　🅿 あり　[MAP] P37 C-3

1994(平成6)年、篠山市指定文化財となった

水琴窟

かまども保存されている

武家屋敷の雰囲気に触れるひととき

酒造り文化と
丹波杜氏の歴史を知る

　江戸時代から、夏場は農業にいそしみ、冬の農閑期になると蔵人を連れて出稼ぎに行っていた丹波杜氏。その技術力の高さから、灘をはじめとする全国の酒蔵で日本酒造りの総指揮者として活躍した。その丹波杜氏たちが、酒造りに使用した道具や資料を展示し、作業過程に順じて仕事の流れを紹介している。

<small>たんばとうじしゅぞうきねんかん</small>
丹波杜氏酒造記念館 見どころ

🎫 100円（協力金）
📞 079-552-0003　🏠 篠山市東新町1-5　🕘 10:00～17:00（土日・祝日16:00）　🚫 12～3月の土日・祝日　🅿 あり　[MAP] P36 E-2

実際に酒造りに使われていた道具が展示されている

SASAYAMA JOKAMACHI

現存する最古の古典芸能にふれる

　1976(昭和51)年に設立した、日本で最初の能楽を専門とした資料館。室町から江戸時代末期までの能面・狂言面を中心に、装束、楽器、古文書などが展示されている。長い歴史の中で磨かれてきた能楽の、変革の軌跡をたどってみるのも面白い。ショップコーナーでは新作の能面や図録等の販売も行っている。

ささやまのうがくしりょうかん
篠山能楽資料館　見どころ

¥大人500円、高校・大学生400円、小・中学生200円
☎079-552-3513　住篠山市河原町175　営9:00〜17:00(最終入館16:45)　休月曜(祝日は営業、翌日休)、7月1日〜8月31日、12月25日〜2月28日　Pあり　[MAP] P36 E-3

大衆生活を支えた、美しく逞しい丹波焼の原点

　日本六古窯の一つとして数えられる丹波焼の歴史を力強く感じる展示品の数々。創成期から江戸時代末期までの約700年間に作陶された丹波焼の代表作が、年代・釉薬・装飾ごとに分類されていて、見ごたえ十分。壺、桶、徳利など、用途に合わせて様々な造形美が生み出されている。約80年かけて集められた蔵品の中、312点は兵庫県指定文化財だ。

たんばことうかん
丹波古陶館　見どころ

¥大人500円、高校・大学生400円、小・中学生200円
☎079-552-2524　住篠山市河原町185　営9:00〜17:00(最終入館16:45)　休月曜(祝日の場合営業、翌日休)、8月第4月〜金曜　Pあり　[MAP] P36 E-3

堂々とした存在感に目を奪われる

大衆の生活に寄り添っていた作品が並ぶ

120年の時を経て復興した王地山焼

　江戸時代末期に篠山藩が築いた藩窯が、明治維新後の廃藩とともに一時廃止され、120年の時を経て1988（昭和63）年に王地山陶器所として復興。その魅力は独特の緑色が映える青磁。大名同士の贈答品としても愛された由緒ある焼き物だ。型皿や鎬(しのぎ)の器に釉薬が生む陰影は、ぜひ手に取って確かめたい。工房併設なので、陶工に気軽に話が聞けるのもここならではの魅力だ。

おうじやまとうきじょ
王地山陶器所　見どころ

¥湯呑・小皿2,000円〜、皿・鉢4,000円〜、花入10,000円〜
☎079-552-5888　住篠山市河原町431
営8:30〜17:00　休火曜　Pあり　[MAP] P36 F-2

奥の工房で焼き上げた陶磁器を展示販売している

王地山焼といえば青磁。青磁霊獣文四方皿、青磁鎬茶心壺、青磁鶴型皿

国の有形文化財に登録されている店舗

一粒一粒、人の手で選別される丹波黒大豆

丹波黒大豆の卸、直営店で買う本物の味

　重厚な建物が商店街の中でもひときわ目をひく小田垣商店。江戸時代に建てられた店舗や蔵、明治末期に建てられた塀など10件が国の有形文化財に登録されている。創業は1734（亨保9）年、現在の商品を扱うようになって140年以上になる豆の専門店だ。丹波黒大豆や丹波大納言小豆など、特産品の豆を専門に扱い、オリジナル商品はおなじみのものも多い。敷地内の作業場で、契約農家で収穫された丹波黒大豆を、一粒ずつ確認し選別するのは手作業だ。店内では、乾物（生豆）のほかに、調理済みの煮豆や手軽に食べられるドライパック、豆菓子などの加工品を買うことができる。

おだがきしょうてん
小田垣商店　買い物

¥ 黒豆煮豆（170g）1,080円、丹波黒黒豆ドライパック（50g）259円
☎ 079-552-2369　住 篠山市立町9　営 8:30〜17:00　休 不定休　P あり
[MAP] P36 E-3

ヘルシーな豆のお菓子や特産品が並ぶ店内

国の有形文化財登録
今も現役。由緒ある建物の店

丹波杜氏や蔵人の息遣いを感じる

　1797（寛政9）年創業の造り酒屋「鳳鳴酒造」が、1975（昭和50）年まで仕込みを行っていた蔵を酒造りの資料とともに無料公開。麹室や仕込み蔵には、実際に使われていた道具が配置され、杜氏を筆頭にたくさんの蔵人が酒造りをしていた当時の気配がするようだ。現在は日本酒造りの機能をJR篠山口駅の近くにある「味間蔵」に移し、多品種の地酒を製造。もろみに音楽振動を与えて醸す「夢の扉」、丹波黒大豆を使ったワイン風リキュール「楼欄」など、鳳鳴ブランドの地酒が並ぶショップコーナーで選ぶのも楽しい。

ほうめいしゅぞう　ほろよいじょうかぐら
鳳鳴酒造 ほろ酔い城下蔵　買い物 見どころ

¥ 鳳鳴純米吟醸生原酒(720ml)1,836円／大吟醸笹の滴生原酒(720ml)3,348円
☎ 079-552-6338　住 篠山市呉服町46　営 9:30〜17:00　休 火曜　P なし
[MAP] P36 D-2 →P25にも関連記事

国有形文化財登録。実際に酒造りが行われていた江戸時代からの建物

酒造りに使う米を洗い、甑（こしき）で蒸す工程が行われていた釜場

鳳鳴ブランドの地酒が並ぶショップコーナー

酒造りの要となる麹を作る麹室

SASAYAMA SUSHI

篠山寿司を食べ比べてみよう

篠山寿司は一般的に箱寿司と呼ばれるもの。篠山で特徴的なのは、魚を塩ではなく酢でシメること、さらに仕上げにタレを付けることである。他の地域とは少し作り方が違う地元の味、篠山寿司の店4軒をご紹介。

01 よね津
創業は明治の頃。現主人の祖父である2代目が箱寿司を考案し、篠山寿司として定着したといわれている。酢飯はあっさりめの酢加減で、上にのる具は半分が薄焼き玉子、あと半分はイカ、アナゴ、鯛、マグロなど。甘口の特製ダレが特徴だ。箱寿司1,080円

03 日の出すし
アナゴ、マグロ、鯛、エビがのった箱寿司は彩りもよく、シソの葉の香りとともに食欲をそそる。気さくな大将を目当てに地元の人が集まる店で、できたての箱寿司をあてに一杯飲むのもいいものだ。箱寿司1,600円

02 三笠鮨
1917（大正6）年創業。酢飯の間には海苔、トッピングとなる具は薄焼き玉子と鯛そぼろ、包丁で薄く身をそいだアナゴだ。その上に、煮詰めてとろりとしたタレを塗る。作りたてより少し時間がたって、タレ、具、ごはんがなじむ頃がおいしいとされる。箱寿司1,080円

04 箱鮨 澤籐
篠山城のお堀の目の前にある寿司店。店主の眼鏡にかなう天然の魚が入らない時は店を開けないという姿勢を貫く。箱鮨の具は、玉子、アナゴ、ノドグロ。季節によって鯛やヒラメに変わることがある。箸休めの山菜や甘いものも自家製、バランも天然のものを添えている。箱鮨1,260円

01
よねつ
よね津
☎079-552-0128　住篠山市立町79　営10:00〜18:00　休不定休　Pあり　[MAP] P36 E-2

02
みかさずし
三笠鮨
☎079-552-0137　住篠山市河原町86-1　営10:00〜19:00　休水曜（祝日は営業）　Pあり　[MAP] P36 F-3

03
ひのですし
日の出すし
☎079-552-0323　住篠山市呉服町75-2　営10:00〜18:00　休2日、12日、22日（祝日は営業）　Pなし　[MAP] P36 E-2

04
はこずし さわとう
箱鮨 澤籐
☎079-552-0188　住篠山市東新町15-1　営10:30〜17:00頃（売切れ次第閉店）　休木曜（祝日は営業、翌日休）　Pあり　[MAP] P36 D-3

篠山グルメ

昼も夜も自在に楽しめる

ランチの前菜盛り合わせ。イワシのオーブン焼き、香住産干し鱈とジャガイモのマンテカート、鹿肉の生ハムブレザオーラほか、地元野菜のグリルなどがプレートに

北里シェフが作る一品料理がカウンターに並ぶ

丹波産牛・鶏・猪肉の煮込みソースパッパルデッレ

地場野菜の力強さを味で表現するイタリアン

イタリア料理の道に入って15年以上になる北里大輔シェフ。旬の野菜は山ほど出回り、端境期にはめっきり数が少なくなる、そんな篠山の「自然の恵みと厳しさが好き」と、季節の素材を使った料理に腕をふるう。生産者から直接受け取る野菜は、「その人の人柄をあらわすから、大切に料理したい」という温かいハートの持ち主でもある。地元の食材をたっぷり使ってバラエティに富んだ前菜プレートに、思わず昼ワインが飲みたくなる。夜はカウンターの小皿料理を選んで飲むのがおすすめ。バリスタが選んだスペシャルティコーヒーは夜でもOKなので、旅の夜を自在に過ごせる店だ。

かーざ でら あみーち
CASA DEL AMICI　イタリアン

¥ランチ（前菜盛り合わせ、パスタ料理、自家製パン、ドリンク）1,512円、コーヒー518円、ディナー小皿料理300円～、ビール600円、グラスワイン400円　☎079-558-7950　住篠山市二階町10-2　[ランチ] 11:00～14:30(LO)、[カフェ] 14:30～16:00、[ディナー] 17:30～22:00(21:00LO)　休火曜、不定休あり　Pなし　[MAP] P36 D-2

SASAYAMA GOURMET

伝説のカネロニが篠山で復活
季節によって変わる具が楽しみ

　大阪・吹田市から篠山に移転したイタリア料理店。吹田時代の名物カネロニは健在で、季節によって変わる具材が楽しみだ。オニオングラタンスープは、鶏ガラなどを煮込んで作ったスープストックがポイント。前菜からパン、デザートまで全て心を込めて手作りする。夜は素材を生かしたストウブ料理が味わえる。

パートリア 〈イタリアン〉

¥カネロニランチ（前菜盛り合わせ、自家製オニオングラタンスープ、サラダ、自家製フォカッチャ、ホタテ貝柱とカマンベールきのこのカネロニ、デザート盛り合わせ、ドリンク）1,900円、パスタランチ（前菜盛り合わせ、自家製オニオングラタンスープ、サラダ、自家製フォカッチャ、本日のパスタ、デザート盛り合わせ、ドリンク）1,700円
☎079-556-5709　篠山市黒岡736-2　11:30〜15:00（14:00LO）、18:00〜22:00（20:30LO）　月曜、第1・3火曜（祝日は営業）　Pあり
[MAP] P35 C-3　→P28にも関連記事

ホウレンソウを巻き込んだ生麺にホタテやキノコのソテーをのせて、特製ベシャメルソースで包み込んだカネロニ。ベーグルとフォカッチャは国産小麦にライ麦を加えて香りよく

シメは鶏白湯のまろやかなラーメンで！

　昼はラーメン、夜は鶏メニュー中心の創作居酒屋。自慢のラーメンは、濃厚なとろみのある鶏白湯スープが細めのストレート麺によく絡み、最後まで飽きずに食べられる。篠山産の鶏を使った、新鮮なたたきは和風ドレッシングでカルパッチョ風に。ピザやグラタンなどもあり、気軽なバルスタイルがうれしい。

めん・とりいざかや こやめん
麺・トリイザカヤ コヤ麺 〈麺 その他〉

¥濃厚鶏白湯らぁ麺756円、だし巻き風鉄板オムレツ518円、砂ズリと白ネギのアヒージョ734円
☎079-552-5012　篠山市風深75-1 城西ビル1F　11:30〜14:00、18:00〜24:00（金・土曜、祝前日は25:00）　水曜　Pあり　[MAP] P37 C-3

鶏白湯のこってりとしたスープがお酒のシメにぴったり

400℃以上の高温になる薪窯

薪窯で焼き上げる
もっちりナポリ風ピザ

　イタリアで修業を積んだオーナーシェフが手掛ける、モチモチした食感がくせになるナポリ風ピザとパスタが人気のトラットリア。薪窯で焼くピザは、外はカリッと、それでいて中はふっくら。さらりとしたオリーブオイルや完熟トマトは本場イタリア産のものを使用している。

魚介の旨みとトマトの酸味が絶妙なペスカトーレピザ

でんてぃ でぃ れおーね
Dente di Leone 〈イタリアン〉

¥ランチ／1,200円〜（ピザorパスタにビュッフェ形式の前菜・サラダ・ドリンク・デザート付）ディナー／ピザ750円〜、パスタ780円〜
☎079-506-4846　篠山市北新町104-2　11:30〜15:00、17:00〜
月曜 ※7月〜12月は第1月曜のみ　Pあり　[MAP] P36 D-2

キヌサヤのごまネーズ和えや、小芋煮などおばんざいメニューも豊富

お酒とともに
味わい深い料理を

料理長にその日のおすすめを聞いてみよう

老舗旅館の味を気軽に
新鮮素材を揚げたて、さばきたてで

　老舗の料理旅館「丹波篠山 近又」の1階に、2015（平成27）年6月、おばんざい屋がオープン。宿泊客はもちろん、一般客も気軽に利用している。カウンターのネタケースにはその日に仕入れた新鮮な食材が並ぶ。野菜は丹波や京都の契約農家から取り寄せ、魚介類は五島列島から直送されたものを店でさばく。板前さんとの会話を楽しみながら、目の前で調理される迫力を味わおう。

この日の造り盛り合わせはアジ、アオリイカ、ハタの3種類。後ろがネタケース

おばんざいや しゅんさい またべえ
おばんざい屋 旬菜 又兵衛　和食

¥ おばんざい410円〜、お造り950円〜
☎ 079-552-2191　住 篠山市二階町81　営 17:00〜22:00
休 木曜（4〜9月）、日曜（9〜3月）　P あり　[MAP] P36 D-2

もりそばと篠山牛のローストビーフ

地元食材を使った
和食と十割そばを堪能

　和食出身の店主が腕をふるう、多彩なメニューのそば屋。魚介類は近海の天然もの、肉や野菜は地元の食材を厳選して使う。香りが際立つ十割そばは、毎朝石臼で挽き、打ちたてを提供する。「季節のおそば」は、例えば梅雨の頃には、あえて濃い味の「ごまつゆそば」や、天然の「アナゴの天ぷらそば」などが登場。

たんばそばきりはなこうし
丹波そば切り花格子　麺

¥ 篠山牛のローストビーフ980円、山の芋つけとろろ蕎麦1,240円、もりそば970円、そばがきぜんざい970円
☎ 079-552-2808　住 篠山市河原町160　営 11:30〜14:30（最終入店）、17:30〜20:30（最終入店）※売切れ次第閉店、定休日の前日は昼のみ営業　休 月曜（祝日は営業、翌日休）　P あり　[MAP] P36 E-3

厳選して仕入れる国産牛肉をお腹いっぱいどうぞ

おいしい焼肉が
食べたくなったらここ！

　タレ、コチュジャン、キムチなどは全て自家製で、上質の肉を取り扱う焼肉専門店。35年以上続くアットホームな店で、肉の仕入れにこだわり続ける店主が見定める肉の味は本物。網焼きでヘルシーに食べよう。

やきにく いわもと
焼肉 いわもと　肉

¥ 上ロース1,250円、塩タン960円、キムチ各種350円
☎ 079-594-2774　住 篠山市北142　営 12:00〜22:30　休 不定休　P あり　[MAP] P36 E-4

篠山牛の旨みがじっくりしみ込むすき焼き

篠山を代表する
味覚が共演

　所有している山で採取した松茸を使った「松茸会席」は、篠山牛とのすき焼きをメインに、寿司、土瓶蒸し、茶碗蒸し、松茸ごはんと多彩な調理方法で味わえる豪華さ。特選の篠山牛ロース肉はやわらかく、脂も上質で口あたりはまろやか。甘めの割り下とも相性抜群だ。

たまがわろう
玉川楼　和食

¥ 松茸会席15,000円（9月中旬〜10月末）、和牛鉄板焼1,200円、玉川楼オリジナル焼酎（麦・芋）500円
☎ 079-554-2266　住 篠山市呉服町32　営 11:00〜23:00　休 なし　P あり　[MAP] P36 E-2

SASAYAMA GOURMET

生地はもっちりとした食感。セットドリンクで注文できる「エスプレッソアイスコーヒー」はきりっとした苦味がおいしい

黒豆がのったスイーツピッツァ。はちみつたっぷりの甘さの中に、シナモンパウダーが効いている

オーナーシェフの伊熊司朗さんが、手際よく土窯でピザを焼く

篠山の食材を使った
もちもち食感のナポリピッツァ

　定番のピザのほか、鹿肉や黒豆など篠山の食材を使った珍しいメニューが多数。「オーガニックトマトのマルゲリータ」は篠山産の無農薬トマトを使用。爽やかな甘味のあるトマトソースの味わいがたまらない。セットのサラダはラディッシュやモロヘイヤなど10種類以上の野菜が盛られ、味つけはオリーブオイルと塩こしょう、バルサミコ酢だけ。野菜の味の濃さをシンプルに味わう一皿だ。

グンゲピッツァ　［イタリアン］

¥ オーガニックトマトのマルゲリータ1,300円、黒豆のスイーツピッツァ1,300円（サラダとドリンクのセットは+500円）
☎ 090-8529-1550　住 篠山市郡家852　営 11:00～19:00（ランチは15:00まで）
休 月曜、火曜不定休　P あり　[MAP] P35 C-3

炊合せ、かやくごはん、ゆば刺しなどが付く一休御膳

更科粉を使った
香り豊かな十割そば

　つなぎを使わない十割そばは、通常のそば粉と、そばの実の中心付近を粉にした更科粉をブレンド。やや白っぽく、なめらかな食感になるのが特長だ。「一休御膳」にはそばが3皿付く。大根おろし、とろろ、湯葉がそれぞれ添えられ、異なる味わいが楽しめる。猪の小鍋がついた「ししなべご膳」もお得感があっておすすめ。

じゅうわりそば たんばささやま いっきゅうあん
十割そば 丹波篠山 一休庵　［麺］

¥ 一休御膳1,780円、ししなべご膳1,780円、ざるそば730円
☎ 079-554-1930　住 篠山市山内町78-2　営 11:00～15:00、土日・祝日11:00～17:00　休 なし　P あり　[MAP] P37 C-1

メニューは週替わりのランチのみ。1週目から3週目に和食、4週目に洋食のランチを提供

ホッと心が和む
滋味深い料理と空間

　「健康的でバランスのいい食事を」とオーナーが作るやさしいランチ。古いものが好きで、趣味で集めた上質な和食器に盛りつけられ、お膳にのせられてやってくる。お米は篠山産の有機米を使い、野菜は自家菜園や、知り合いの農家から分けてもらった地元のもの。丁寧に作られたことがわかる、ホッと心が和む料理の数々だ。

かふぇあーぽ
Cafe ARBOUR　［和食 洋食］

¥ ランチセット1,300円、季節の手作りジャム550円～
☎ 079-506-2929　住 篠山市野中194-2　営 11:30～17:30　休 土～月曜、祝日　P あり　[MAP] P35 C-3

篠山の特産品を二つクリア！

篠山を代表する
味覚が共演

　甘辛く炊いた猪肉のしぐれ煮とすりおろした山の芋。それにピリッと山椒を効かせた「猪肉とろろうどん」は、一度に篠山名物が二つも食べられると観光客に大人気。食べごたえのある鯖寿司セットもお得だ。

みたけ　［和食］

¥ 猪肉とろろうどん・そば各995円、みたけ定食1,000円
☎ 079-552-4888　住 篠山市黒岡18　営 11:00～16:00（土・日曜17:00）※季節により変動あり　休 不定休　P あり　[MAP] P36 D-1

とっておきのカフェ
ゆっくりしたい

中国の蒸しカステラ、マーラーカオ

窓から見える緑が美しい、落ち着いた空間

店主の小谷さんと、スタッフの佐々木景子さん

中国の稀少なお茶 岩茶の専門店

中国・福建省の岩肌に自生する「岩茶（がんちゃ）」。岩のミネラルや養分をたっぷりと取り込んだ茶葉を手摘みして、職人が手仕事で仕上げたものを現地から直接仕入れる。「自然のパワーがつまったお茶に見合うお菓子を」と、店主の小谷咲美さんが作るのは、国産の有機小麦粉と平飼い卵を使った、クッキーやケーキ。旧武家屋敷を改装した店内は、ゆったりとした時間が流れ、一人の時間を過ごすお客さんも多い。

フルーティで華やかな香りがたつ「鳳凰水仙」。5〜6煎たっぷりと楽しめる

がんちゃぼう　たんばことり
岩茶房 丹波ことり　［カフェ］

¥岩茶（15種類）1,400円〜、マーラーカオ400円、ナッツとドライいちじくのケーキ 500円
☎079-556-5630　住篠山市西新町18
営11:00〜18:00　休水・木曜　Pあり
[MAP] P37 C-3

手間ひまかけた 自家製和菓子に大満足

ボリューム満点の「四季の味覚御膳」を食べたあとは、ちょっとだけ贅沢に丹波大納言や丹波栗など、地元の素材をふんだんに取り入れた和スイーツをオーダー。注文を受けてから作るくずもちのモチモチ感は格別だ。盆栽や山野草、手作り雑貨も販売している。

こみんげいちゃや　しきおりおり
古民芸茶屋 四季折々　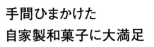

¥四季の味覚御膳1,080円、ぜんざい550円、くずもちセット700円、栗のブラマンジェ500円
☎079-552-7202　住篠山市乾新町202-3　営10:00〜19:00　休不定休　Pあり
[MAP] P37 C-2

自家製の黒蜜がぷるぷるのくずもちを引き立てる

ごはんが進むチンゲン菜とひき肉のごはん

やさしい味のスープランチ

避暑地のカフェのように ゆっくり時間が流れる

ウッディー調の店内と緑があるテラス、静かな雰囲気が落ち着くカフェ。チンゲン菜とひき肉を炒めてライスにのせたチンゲン菜とひき肉のごはん、野菜たっぷりのスープランチは、家庭的なやさしい味。カフェタイムにはプレーン、バナナ、抹茶のシフォンケーキがおすすめだ。

めいぷる かふぇ
maple cafe　［洋食 カフェ］

¥ランチセット1,030円、シフォンケーキセット770円
☎079-552-4367　住篠山市東新町136　営9:30〜19:00　休火曜　Pあり
[MAP] P36 E-2

SASAYAMA CAFE

木の看板はオーナーの祖父が営んでいた和菓子屋時代のもの

自家製大納言小豆餡を混ぜて作る、ほんのり甘い大納言オーレ

江戸時代の町家で、古き良き時代を感じる

　江戸時代に建てられた町屋が、昭和時代の和菓子屋を経てカフェに生まれ変わった。坪庭を眺めながらのカフェタイムは、黒光りした柱や土壁に使い込まれた家の温もりが感じられ、時間がゆっくりと流れているようななつかしさに包まれる。限定10食ほどの手作りランチは、地元の食材を丁寧に調理した家庭料理。米麹から仕込んだ黒豆味噌の味噌汁は、豊かな香りと風味がなんとも味わい深い。

まちやかふぇ えいきどう
町屋カフェ 栄亀堂　カフェ

¥ 大納言オーレ450円、手作り栄亀堂ランチ900円〜、赤シソジュース400円、わらびもちと抹茶のセット650円
☎ 090-2351-0633　住 篠山市河原町196　営 11:00〜17:00　休 月〜木曜　P なし
[MAP] P36 E-3

居心地のよさを楽しみに美しい中庭のあるカフェ

　築200年以上の床屋を改修したカフェ&ギャラリー。広い畳敷きで、中庭から風が通りぬける空間はなんとも心地いい。イチゴの酵素ジュースは、有機栽培のイチゴを取り寄せ、酵素シロップから手作り。ソーダで割った爽やかな甘味と、美しい見た目にホッと一息。チャイは、オリジナルで調合するスパイスと有機豆乳から作る。国産はちみつをたっぷり入れて、濃厚な味を楽しもう。

けいざん
恵山　カフェ 買い物

¥ いちごの酵素ジュース700円、ホットチャイ650円、珈琲500円
☎ 079-552-7500　住 篠山市立町32-1　営 10:00〜17:00　休 月〜木曜　P あり　[MAP] P36 E-3

見た目にも癒やされるイチゴの酵素ジュース

秋には中庭のもみじがとても美しい

ホットチャイは作家の器で提供される

自家農園の野菜がたっぷり
隠れ家カフェのベーグルサンド

　もっちりした食感のベーグルの上には、サンドできないほどの量の野菜がのる。自家農園で育てたキャベツやレタスを、オリーブオイルやレモン、バジルなどで作るドレッシングで和える。シンプルでさっぱりした味わいは、そのままサラダとして食べてもおいしい。ベーグルは発酵時間を長めにすることでふんわりとやわらかく、しっかり具材を挟めるように少し大きめのサイズだ。古民家をリノベーションした建物はロフトがあって、隠れ家のような雰囲気が素敵。

間接照明が灯るおしゃれな店内

「サボテンが大好きで、庭でも育てています」と言う店主の前川浩仁さん。グリーンライフを提案し、店内でサボテンの販売もしている

エビとワカモレ、生ハムプロシュートとクリームチーズなど、ベーグルサンドは全4種類

あーるえいち べーぐる
RH Bagels　カフェ

- ベーグルランチボックスセット1,300円
- 079-550-4598　篠山市西町55　11:00〜22:00（11:00〜14:00のみの営業日あり。詳細はHPで確認）　月・火曜
- あり　[MAP] P37 C-2

本日のランチは豆腐ハンバーグ、トマトのチーズ焼き、バンバンジー、サラダがのったワンプレートにみそ汁とごはんが付く

気さくに出迎えてくれる北さん母娘。運がよければ、看板娘のあさひちゃんに会えるかも

母娘で営む
アットホームなカフェ

　生まれたばかりだった愛娘「あさひ」ちゃんの名前を看板に、北安津子さん・眞弓さんがオープン。2016（平成28）年8月、自宅横に移転してリニューアルした。子ども連れでもゆっくりくつろげるようにと店内にはキッズスペースを備え、あたたかみのある木のテーブルや調度品は、木工が趣味というお父さんの手作り。アットホームな雰囲気に惹かれて集まる、地元のママたちの集いの場となっている。ランチのほか、ココナッツオイルで焼くフレンチトーストなどのメニューがある。

かふぇあさひ
Cafe朝日　カフェ

- 本日のランチ800円（ドリンク付1,000円）、フレンチトースト300円（ドリンク付550円）
- 090-9995-8737　篠山市西岡屋806-2　8:00〜17:00
- 水曜　あり　[MAP] P35 C-3

SASAYAMA CAFE

マヨネーズを効かせたふわふわ玉子をサンドしたエッグサンドモーニング

朝食から夕食まで
手作りがおいしい店

　1979（昭和54）年の創業以来、正月以外は無休で営業。モーニングから始まり、ランチ、デザートと閉店まで、地元客が途切れない喫茶店だ。2年半前にリニューアルして、区切られた禁煙席を設けた。いつも和服姿で笑顔がやさしいお母さんが店の中心。自家製野菜を使い手間ひまかけた料理と、自家焙煎の豆で淹れるコーヒーもぜひ味わいたい。

みき
美貴　カフェ

￥エッグサンドモーニング560円、丹波黒豆きなこアイス 480円、ランチ780円〜
☎079-552-3480　住篠山市郡家846
営8:30〜19:00（18:30LO）※ランチ11:30〜14:00　休なし　Pあり　[MAP] P35 C-3

手作りの丹波黒豆きなこアイス

無添加、保存料不使用のケーキ

ログハウス調の外観

緑に囲まれた可愛いケーキ屋さん

　フランス語で「思いがけない小さな幸せ」という意味を持つ店名のとおり、食べた人をふんわりと幸せ感で包んでしまうケーキたち。「当たり前のことを丁寧に」をモットーに、クリスピー生地はパリッと、ナッツは香ばしく、シフォンケーキはやさしく軽い口どけ。どれも素材を大切にした、ごまかしのないまっすぐな味わいだ。

くさみちぺーべーいー
草道p.b.i　スイーツ

￥生チョコショート420円、りんごのケイク380円、手折りパイ生地1000層ミルフィーユ420円　※すべてテイクアウトのみ
☎079-506-1480　住篠山市沢田甲228-2　営11:00〜17:30　休火・水曜、祝日
Pあり　[MAP] P36 F-1

国産レモンを手作りでジャムにして入れ込んだチーズケーキ

丹波篠山黒豆あんバターパイ

創作チーズケーキと
オーガニックワイン

　ケーキや焼き菓子と並んで、オーガニックワインのコーナーがある店。ゴルゴンゾーラや国産レモン、さらには丹波の黒豆を使ったものなど、独創的なチーズケーキは大人向けの味も多く、ケーキにワインをあわせるのもオツなもの。子どもたちには、黒豆の甘みとバターの塩気がほどよくマッチした、丹波篠山黒豆あんバターパイがおすすめだ。

向かいにあるカフェ「丹波篠山 宗玄庵」でイートイン可。戦前は造り酒屋だった民家を改装した部屋の畳の上で足を伸ばしてゆっくりできる。

たんばささやま ゆきおかいちろうべえようがしほ
丹波篠山 雪岡市郎兵衛洋菓子舗　スイーツ

￥丹波篠山黒豆あんバターパイ250円、レモンチーズケーキ402円
☎079-558-7686　住篠山市魚屋町13-1　営10:00〜18:00　休火曜　Pあり
[MAP] P37 C-2

わざわざ行く価値あり！の 雑貨屋さん

信楽の作家、大原拓也さんのデミタスカップ

地元篠山の椅子職人、小島優さんの手掘りの座椅子

日々の暮らしを特別にする
器・雑貨・道具

日本全国の作家の器や、モロッコのリサイクルグラス、ラオス製の木のスプーン、そのほか便箋、カゴ、布物など様々なものがところ狭しと並べられた店内。日本と海外、新品とアンティークとが入り混じった独特の空間は、宝探しをしているようなワクワクした気持ちになる。毎年2月にヨーロッパを8ヵ国ほどまわる買い付けの旅に出るという、オーナーの一瀬裕子さん。「いつもの暮らしに、そっと彩りを添えてくれるモノ」をコンセプトに選ぶ品々から、お気に入りがきっとみつかるはず。

うつわとくらしのどうぐはくとや
器とくらしの道具ハクトヤ 　買い物

￥デミタスカップ2,376円、座椅子（小）11,800（大）12,960円、アフリカブルキナバッグ2,484円〜
☎079-552-7522　住篠山市河原町121-1　営11:00〜18:00　休木曜（祝日は営業）※2月は冬季休業　Pあり　[MAP] P36 E-3

オーナーの一瀬さん（右）と、スタッフの洋子さん

築200年の古民家を改装した店内。様々なジャンルの商品が集められる

SASAYAMA GOODS

洋服から家具まで幅広い品がそろう

荒西さんが手がけたオリジナル家具。greg stool

確かなセンスで
心地いい暮らしを提案

暮らしをトータルにコーディネートするライフスタイルショップ。特注の家具製作や、雑貨販売、店舗内装など幅広く手がける店主の荒西さんは、大阪のデザインスタジオ"graf"の創設メンバー。そのセンスと経験がぎっしり詰まった店で、お気に入りの品をみつけよう。木工のワークショップや、作家の展示会なども随時開催。

ろく
6(rock) 　買い物

¥ greg stool　low30,240円、high48,600円、カッティングボード3,500円～
☎ 079-506-2410　⌂ 篠山市風深214-1　⏰ 12:00～17:00　休 不定休※詳細はHPで確認　P あり　[MAP] P37 C-3

篠山の自然を感じる
布を求めて

オリジナルの生地を中心に、個人作家の布が並ぶ。神戸から移住した店主の清水宣良さんがデザインする生地は、「陽だまり」や「朝顔」など自然をモチーフにしたものばかり。「篠山で暮らす中で得た感覚を元にデザインしています」と話す。生地からは自然そのままのやわらかさや力強さが伝わってくる。

きじ にちじょう
kiji nichijo 　買い物

¥ kiji nichijo綿ローンチーフ（50cm×50cm）1,836円、kijinichijo生地3,780円/1m（購入は30cmから可）
☎ 079-506-1230　⌂ 篠山市東新町28　⏰ 12:00～17:00　休 月～金曜※イベント出店などで休業の場合あり　P あり　[MAP] P36 E-3

オリジナル生地からつくるハンカチ「綿ローンチーフ」シリーズ

しっとりとした雰囲気の店内

ほっとするやさしい手触り

キッズスペースでは木のおもちゃで実際に遊ぶことができる

日々が楽しくなる
木製品を買いに

キッチン雑貨やおもちゃ、DIYパーツなど工房から届くオリジナルの木製品が豊富にそろう。無漂白・防腐剤不使用の天然木と自然塗料を使用しているので、子どもが口に入れても安心。おもちゃの修理や選んだパーツに合わせたオーダー家具の受注も行う。店内には広いキッズスペースがあり、子どもと一緒に楽しみながら買い物できるのもうれしい。

ナチュラルバックヤード 　買い物

¥ 鍋敷きS756円 M1,080円、積み木14ピース（カラー）7,020円、みにかー・みにばす各1,080円
☎ 079-552-7222　⌂ 篠山市二階町89-1　⏰ 11:00～17:00　休 火～木曜　P あり　[MAP] P37 C-2

アクセサリー　　　　　　　　　　　　　accessory

5つのデザインがあるearth-colored diamond ring line

作品を見るだけでも楽しい。気軽に入ってみよう

オリジナルアクセサリーをその場で作ってもらえる

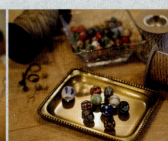
トンボ玉や作家もののガラスもある

心うばわれる
一点モノのアクセサリー

「動くジュエリー」＝「ギミックジュエリー」など、個性的なアクセサリーを手掛けるジュエリー作家、石井雄次さんの工房兼ショップ。ヤモリやトンボ、金魚など動植物をモチーフにしたペンダントやブローチは、繊細で、命が吹き込まれたような表情を見せる。すべてが一点ものの、芸術を感じるアクセサリーの数々は見ているだけでも楽しい。彫金教室の開催や、ジュエリーのオーダメイド、リメイクの相談もできる。

おうじゅさいくじょ
應需細工所 　買い物

¥ earth-colored diamond ring line 178,000円～、リングサイズ直し2,500円～、切れたチェーン直し2,000円～
☎ 079-506-2145　⌂ 篠山市河原町93-1　⏰ 11:00～17:00　休 不定休
P あり　[MAP] P36 F-3

キラキラのガラスパーツや
アクセサリー

キュートなトンボ玉やアクセサリーパーツが並ぶ雑貨屋さん。好きなガラスを組み合わせて、その場でアクセサリーを作ってもらえる。パーツは、トンボ玉の原料となるガラスロッドの製造を手がける「kinari glass」（篠山市）のもの。ガラスは、ポップな模様からシックなものまで種類が豊富で選ぶのが楽しくなる。

美容室に併設されたショップで、階上はヨガ&ダンススタジオ

ことのば
cotonova 　買い物

¥ 工作代150円～、パーツ30円～、完成品アクセサリー400円～
☎ 079-506-8926　⌂ 篠山市北43-5　⏰ 10:00～17:00　休 月・水・金・日曜
P あり　[MAP] P36 E-4

篠山ならではのお買い物を楽しもう

パッケージもおしゃれで個性的な商品がたくさん。酒好きが見れば飛びつく、入手困難な酒もある

個性的な品ぞろえにときめく
自然派ワインの店

　築100年の古民家の風情をそのまま残す、自然派ワインのショップ。丹波の地酒やリキュール、おつまみの缶詰なども並び、個性的な品ぞろえにわくわくする。店主らが企画し、京都・亀岡で栽培したブドウで作ったオリジナルの赤ワイン「亀岡むろかワイン」は、ほどよい渋みでエレガントな味わい。建物オーナーが趣味で集めたアンティークグラスも販売している。

ぶどうやはるじろう
葡萄屋晴治郎 〔買い物〕

¥亀岡むろかワイン「京紫」「緋」2,700円、能勢ジンジャーエール140円
☎079-506-4639 住篠山市河原町186 営10:00〜18:00 休火〜木曜 Pなし [MAP] P36 E-3

選りすぐりの生豆をさらに選別して焙煎した豆が並ぶ

コーヒー好きが訪れる
自家焙煎の珈琲豆専門店

　田園風景が広がる岩崎地区。バイパスの脇にある小さな看板にひかれて脇道に入ると珈琲豆専門店がある。篠山の東吹から移転して約10年、生豆を丁寧に選別して自家焙煎する。豆のままでも、好みの粗さに挽いてもらってもいい。「焙煎したてより、4、5日後がおいしいですよ」「アイスコーヒーは、たてて1日寝かせた頃がまろやかな味です」そんなアドバイスやコーヒー談義に花が咲く。

いわさきこーひー
岩崎珈琲 〔買い物〕

¥黒豆珈琲 100g 540円、黒豆インスタントコーヒー70g 540円、コーヒー100g380円〜
☎079-594-1985 住篠山市岩崎377-5 営10:00〜19:00 休木曜 Pあり [MAP] P35 C-3

地方発送もできるので、ギフトセットはお歳暮や季節の贈り物にも喜ばれる

ぼたん鍋特選セット

猪肉をはじめとする
ジビエ専門店

　天然の猪肉は、低脂肪、高タンパクで味がいい。長年猪肉を扱ってきた確かな目利きは、その肉質が証明してくれる。量り売りは100g単位で買えるので、冬はぼたん鍋、夏は焼ぼたんで、その旨みを味わいたい。猪肉のほかに、鹿肉などジビエのハムや燻製などの加工品もお土産にぴったり。

おゝみや
おゝみや 〔買い物〕

¥天然猪肉ローススライス1,620円(100g)、天然猪肉特選スライス(あわせ盛り)1,080円(100g)
☎079-552-0352 住篠山市乾新町40 営9:00〜17:00（冬季は19:00まで）
休なし※4月〜10月は水曜 Pあり [MAP] P37 C-2

ミンチカツとコロッケ

ピリ辛がおいしいオリジナルカレーパン

手軽なおやつに
お肉屋さんのコロッケ

　ちょっと小腹がすいた時のアツアツのコロッケは、日本のファストフードの代表格。地元のお肉屋さんが作る黒豆コロッケなら素材も味も保証つき。ミンチカツは、牛肉100%でまるでハンバーグのよう。晩ごはんのおかずにも重宝する、地元主婦の強い味方だ。

にくのとうもん
肉の東門 〔買い物〕

¥黒豆コロッケ183円、コロッケ76円、ミンチカツ108円、カレーパン130円
☎079-552-2914 住篠山市西新町182-1 営9:00〜19:00 休水曜（祝日は営業）
Pあり [MAP] P36 D-4 →P28にも関連記事あり

SASAYAMA SHOPPING

篠山のお土産が勢ぞろい　篠山のランドマークとしても有名

大正時代の美しい建築、グルメ、お買い物を堪能

篠山城のすぐ近く、クラシックな外観が美しい大正ロマン館は、1923（大正12）年に建てられた旧篠山町役場の庁舎をリノベーションした複合施設。土産物や観光情報が充実し、レストランでは地元の特産品を使った料理や喫茶メニューが味わえる。緑が美しい中庭は穴場の休憩スポットだ。

名物の黒豆ソフトクリームを食べながら休憩しよう

たいしょうろまんかん
大正ロマン館　［和食 洋食 買い物］

🍴黒豆ソフトクリーム300円
☎079-552-6668　🏠篠山市北新町97　🕘9:00〜18:00（11月〜4月は17:00まで）
休なし　Pなし　［MAP］P36 D-2

冷凍生とろろ、味とろろは便利に使える

山の芋をはじめ 篠山の特産品をお土産に

滋養たっぷりの山の芋を専門に扱う河南勇商店の直営店。山の芋そのものはもちろん、個包装で使い勝手がいい冷凍生とろろ、丹波栗と黒豆のおこわなどが買える。そのまま食べられる加工品は、忙しい人へのお土産にぴったりだ。

きせつほ やまゆ
季節舗 やまゆ　［買い物］

🍴山の芋1kg入り1,200円、冷凍生とろろ5袋入1,810円、冷凍味とろろ5袋入1,293円
☎079-594-0807　🏠篠山市黒岡17-7　🕘10:00〜17:00　休不定休　Pなし
［MAP］P36 D-1

観光バスも停められる広い駐車場、レストランは団体もOK

丹波篠山牛しぐれ丼

JA丹波ささやま直営店で お土産と食事を

黒豆、丹波栗、山の芋、コシヒカリなど、丹波篠山の気候が育んだ特産品とその加工品が並ぶ。お菓子や保存食は自家用はもちろん、お土産としても喜ばれるものばかりだ。レストランでは丹波篠山牛の焼肉や、甘辛く煮込んだ篠山牛とまろやかな山の芋が入ったご当地グルメ「丹波篠山牛しぐれ丼」など、多彩なメニューが楽しめる。

とくさんかんささやま
特産館ささやま　［買い物 和食］

🍴丹波篠山牛しぐれ丼1,296円、無文銭弁当篠山1,836円
☎079-552-3386　🏠篠山市黒岡70-1　🕘【ショップ】10:00〜18:00、【レストラン】11:00〜17:00（16:30LO）、土日11:00〜18:00（17:30LO）　休水曜　Pあり
［MAP］P36 D-1

気軽な休憩スポット、いなぽんて

篠山観光の合間に ほっとひと息できるスポット

昭和時代の篠山を連想させる店内は、特産物を使った加工品、地酒、丹波焼や王地山焼の器などが数多く並ぶ。昭和初期のミルクホールをイメージしたカフェ「いなぽんて」では、黒豆ソフトクリームや黒豆コーヒーで一服できる。

しょうわひゃっけいかんささやまや
昭和百景館ささやまや　［買い物 カフェ］

🍴黒豆コーヒー250円、ぽんてコーヒー250円、ぽんてパフェ380円
☎079-552-5555　🏠篠山市二階町58-2　🕘9:00〜18:00（11月〜4月は17:00まで）
休なし　Pあり　［MAP］P36 D-2

篠山の和菓子セレクト

〜老舗の味を楽しむ〜

丹波篠山のお菓子といえば、なんといっても栗と黒豆を使ったもの。中でも地元産のものは品質の良さから高級品として知られている。技術を受け継ぎ、創作を続ける職人たちが心を込めて作る和菓子を堪能しよう。

栗三笠

丹波黒納豆

伝統を受け継ぎながら洋風和菓子にも挑戦

　1909(明治42)年創業。1981(昭和56)年に先代が初めて、黒豆を甘納豆に仕上げた丹波黒納豆は、町の人気商品になって広まった。今でも5日という日数をかけて味をつけていく逸品だ。昔ながらの栗三笠や羊羹のほかに、四代目の当主が次々に開発する洋風和菓子も楽しみだ。黒豆タルトや生クリームをサンドしたどら焼き「生どら」など、季節限定品も目が離せない。

ばいかくどう
梅角堂

¥ 栗三笠220円、丹波黒納豆1,100円
☎ 079-552-1311　住 篠山市立町78-1
時 8:00〜18:30　休 木曜　P あり
[MAP] P36 E-2

純栗羊羹

栗のお菓子を作り続ける職人技

　秋にとれた丹波栗で作る純栗羊羹は、栗の自然な甘さと風味を大切にした昔ながらの製法。ソフトな甘さに男性のファンも多い。ほかにも栗納豆や栗入りもなかなど、90年以上栗を主体にしたお菓子を作ってきた伝統の味が楽しめる。

くりやにしがき
栗屋西垣

¥ 純栗羊羹2,090円
☎ 079-552-3552　住 篠山市郡家130-12　時 9:30〜17:00　休 月曜
P あり　[MAP] P35 C-3

香ばしく、昔ながらの味わい

風味豊かなあられは、明治40年から変わらない味

　控えめな看板しかない、知る人ぞ知るあられの工房。実は全国菓子大博覧会で、名誉会長賞受賞を授与した老舗店なのだ。自家栽培の餅米「まんげつ餅」をつき、少量ずつ炭火でしっかり焼き上げる。醤油は京都のたまりと篠山産の2種類をブレンドしたものを使う。海老・青海苔入りの「すやき」は塩味であっさり。黒豆入り、山椒入りなど、それぞれの味の違いが楽しめる。

さかいしちふくどう
酒井七福堂

¥ 全8種類1袋350円
※内容量相談可能(100g 330円〜)
☎ 079-594-0673　住 篠山市北175
時 昼〜夕方頃(事前連絡要)　休 なし
P あり　[MAP] P36 E-4

SASAYAMA JAPANESE SWEETS

玉水（右）、黒豆大福

栗まん

純栗蒸羊羹

まごころを込めて
手間をかけて作る独自の味

渋皮付きの丹波栗を丹波つくね芋で包んで蒸し上げた、ふっくらと上品な味わいが特長の「玉水」は、天皇・皇后両陛下が召し上がった逸品。こしあんを丹波黒豆入りの生餅で包んだ黒豆大福など、丁寧さが光る和菓子に作り手の真心を感じる。

たんばくりかしょう だいふくどう
丹波栗菓匠 大福堂

¥玉水250円、黒豆大福200円
☎079-552-0453　住篠山市北新町121-1　営9:00～18:00　休火曜　Pあり　[MAP] P36 D-2

季節の和菓子を
昔ながらの製法で

栗の実がごろんと丸ごと一粒入った栗まんは見た目も愛らしい。春の篠山で摘んだヨモギの新芽だけを使ったよもぎ餅や、秋の落ちたての栗を使った栗おはぎなど、季節の和菓子は素材がおいしい時期だけ。防腐剤は一切使わず、昔ながらの製法で作られるお菓子だ。

せいめいどう
清明堂

¥栗まんS194円・L540円
☎079-552-0159　住篠山市二階町59　営9:00～19:00　休水曜（栗のシーズンは無休）　Pあり
[MAP] P36 D-2

季節を先取りする
上品な和菓子

栗のこしあんに、蜜漬けの栗をふんだんにのせた「名物純栗蒸羊羹」は、栗好きにはたまらない濃厚さ。丹波栗や黒豆を知り尽くした創業100年以上の老舗が生み出す上品な創作和菓子は一度食べてみる価値あり。店内には自由にお茶が飲める無料のお休み処も。

かせいどう
鹿生堂

¥純栗蒸羊羹1,500円
☎079-552-0314　住篠山市乾新町59　営9:00～17:00　休木曜　Pあり　[MAP] P37 C-2

作り手の顔が見えるお菓子は安心

店では娘さんが作る焼き菓子も販売。平飼い鶏の卵や国産小麦を使ったパウンドケーキなど

炭火で焼くことでふっくら、おかき本来の味が生きる

手間をかけた手焼きのおかき
を味わう愉しさ

店に入れば、醤油の香ばしさと餅米のふっくらとした香りが漂う。篠山の餅米を蒸して杵でつき、備長炭で手焼きする手間をかけたおかきの味は10種類。「丹波黒豆」「山椒」「ざらめ」などいろんな味を少しずつ買いたくなる。地元の人が県外への手土産に使う本物のおかきを味わおう。

ひろおかせいか
広岡製菓

¥おかき（小）75g410円（大）130g660円、黒豆ケーキ173円
☎079-552-0515　住篠山市二階町8-1　営9:00～18:00　休火曜　Pなし（店向かいに市営Pあり）
[MAP] P36 D-2

丹南 tannan

故郷に帰ったような安心感
篠山の実りと愛情がたっぷり

　地元の営農組合女性部のメンバーが作る栄養いっぱい、愛情いっぱいの手作りランチ。店名の「あかじゃが」とは、神戸大学と組合が共同開発したジャガイモのこと。火を通すとホクホクの食感で、栗のような甘味が特長だ。そのあかじゃがを使った「あかじゃがコロッケ」などランチに使う野菜や米はほぼ全て地元産。「土地の素朴な野菜を、家ではこんな風には食べないね！と言ってもらえるよう調理したい。ちょっと驚きがある料理を皆で考えています」と、代表の小林和子さん。大根もちに酢醤油ベースのジュレを添えたり、ズッキーニとチーズを春巻きにして揚げたり、ひと工夫された丁寧な料理と素材のおいしさにお腹も心も満たされる。

あかじゃがや
あかじゃが舎　　和食

- あかじゃが舎ランチ1,100円、力もちの権八丼1,100円
- 080-3478-0046
- 篠山市真南条上800-1
- 11:00〜15:30（予約がベター）
- 月〜水曜、日曜（営業は木〜土曜のみ）
- あり　[MAP] P35 C-4

民家を改修した店は、田舎のおばあちゃんの家に来たような、なつかしい気持ちになる

真南条営農組合女性部の皆さん。あかじゃがと同色のバンダナとエプロンを身につけ、笑顔でてきぱきと働く

力もちの権八丼は、猪肉の時雨煮、大根もち、赤じゃがチップスがのったご当地丼。真南条に伝わる民話を元に作った

ボリュームたっぷりのあかじゃが舎ランチ。茶碗蒸しも付く

丹南 Tannan

衣・食・住を上質に、心地よくする

古道具屋の目利きで選んだ、雰囲気のある調度品が置かれ落ち着いた空間

凜とした佇まいの仲島さん。店で販売している既成品は自身でデザインしている

「カフェと野良着」の店として営業していた白椿が、古道具のみを扱う別店舗「ツバクラ」をこの春オープン。現在、白椿では自家農園で作った米や野菜が食べられるカフェと併設して、主に播州の生地や洋服を取り扱っている。店主の仲島惠子さんが作家と直接やりとりをするため、少量のロットで作られる手に入りにくいものや、和紙を使った生地などめずらしい品がそろう。また、手縫いの洋服や浴衣が作れるランチ付きのワークショップ「手仕事塾」には、京阪神からリピーターが多く足を運ぶ。

白椿のななめ向かいがツバクラの店舗。主に大正〜昭和初期に使用されていた家具や調理器具などの日常品が並ぶ。天然の素材を使い、手仕事で作られた品々は味わいがあり、不思議と心が落ち着く。「骨董品ではなくて、実際に使えるものを」と店主の仲島侑希さんがそろえた商品は、暮らしに取り入れたいものばかり。たまに、昔の病院で使われた脱脂綿入れといった「これは何に?」というユニークなものがあるのも楽しい。

白椿／古道具 ツバクラ　カフェ 買い物 体験

¥ 白椿のもんぺ15,120円〜、シャツ17,280円〜、おにぎりセット1,300円
☎ 079-596-0133　住 篠山市大山宮293
営 10:00〜18:00　休 火曜　P あり　[MAP] P35 A-2

仲島さん一家が無農薬で育てる米と、たっぷりの野菜を使ったおにぎりセット

<ツバクラ>
¥ 水屋箪笥40,000円、バスケット8,500円
☎ 079-506-2625　住 篠山市大山宮54　営休 白椿と同じ　[MAP] P35 A-2

広々とした庭で、ワンちゃん同士が仲良く遊ぶ光景が日常

人も愛犬もくつろげる 里山のドッグカフェ

気持ちのいい天然芝のドッグガーデンで、愛犬と一緒にゆったりとした時間を過ごせる。カフェのメニューは、オーダーを受けてから豆を挽いて淹れるコロンビアコーヒーや、ふわふわのシフォンケーキなど。のどかな里山の風景の中で、愛犬と一緒にリフレッシュしよう。

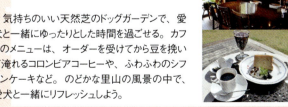

Doggarden&coffee ちわわん　カフェ その他

¥ 自家製シフォンケーキ500円、コロンビアHOTコーヒー500円
☎ 079-506-2327　住 篠山市追入542-1　営 10:30〜17:00(16:00LO)　休 月〜水曜、12月25日〜2月末(雨天の場合は休業あり)　P あり　[MAP] P35 A-2

地元のお母さんたちが作る「自分の子どもに食べさせたい料理」がコンセプト。栄養もたっぷりのゆらり定食

村に伝わる手作りのご馳走「とふめし」

120年続く大山地区の郷土料理「とふめし」が食べられる店。40分ほどかけてゆがいた豆腐に、ゴボウ、ニンジン、うす揚げ、サバの水煮を加えてよく炒め、炊いた米の上にのせて蒸らす。かつては運動会や結婚式など人が集まる時にふるまわれるご馳走だったという。野菜と魚の旨みがごはんにしみた、やさしいおふくろの味だ。

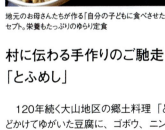
家でも簡単に作れるとふめしの具

コミュニティキッチン結良里　和食

¥ ゆらり定食(とふめし)700円、とふめしの具レトルト670円、うどん定食700円
☎ 0795-96-0052　住 篠山市大山新98　営 11:30〜16:00　休 火・水・金曜、祝日
P あり　[MAP] P35 B-3

木のおもちゃのぬくもりが心地よい

つややかなフルーツが目をひくタルトも日替わりで楽しめる

閉園になった保育園がカフェに

　家具職人の主人が閉園になった保育園舎をリノベーション。地域の人々の思い出が詰まった建物が、なつかしさを感じる、やさしい空気に包まれたカフェとして生まれ変わった。遊戯室だった開放的な空間には、キッズスペースやおむつ替えスペースも備える。人気の豆乳と国産なたね油で作る日替わりのマフィンは、ショーケースから選んで。トレーやおもちゃなど木製品のギャラリーが併設されており、備え付けの棚やテーブル、椅子、丹波焼の食器など、手仕事の作品からも温もりを感じる。

ものいれ
monoile 〔カフェ〕

¥ monoileのマフィン324円、今日のおやつプレートセット810円（ドリンクセット1,188円〜）、今日のケーキ594円（ドリンクセット972円〜）
☎ 079-506-2418　住 篠山市大山新100　旧保育園舎　営 11:00〜17:00(16:30LO)　休 火〜木曜　P あり　[MAP] P35 B-3

たくさんの人々と、思い入れが集まる「入れ物」になるようにと名付けられた

JR篠山口・丹南篠山ICから近い便利スポット

ささやまホロンピアホテル　☎ 079-594-2611　住 篠山市中野76-4　休 なし　P あり　[MAP] P35 B-3　→P85にも関連記事あり

新鮮な野菜と魚介がたっぷりの海鮮サラダは、山芋とろろ入りの和風ドレッシングで、さっぱりと

創作和食とお酒で深夜まで楽しめる

　地元の人から旅行者や出張利用まで幅広い客層でにぎわう、ビジネスホテル上階の居酒屋。新鮮な魚は大阪の市場と明石の昼網、野菜はもちろん地元産が中心で、和をベースにしたメニューが登場。飲み・食事ともに夜中までOKで、突き出しなしもありがたい。

名物の100円ポテトサラダ。季節によって産地を変えた新鮮なジャガイモがたっぷり

さかな うえばら
魚菜 うえばら 〔和食〕

¥ ポテトサラダ100円、海鮮サラダ990円、シメ鯖サンドウィッチ650円、生ビール中490円〜、地酒(300ml) 700円
☎ [10:00〜15:00] 079-594-2611　[15:00〜24:00] 079-594-2767　住 ささやまホロンピアホテル5F　営 17:00〜24:00　休 なし

お酒のあとのシメには、シメ鯖サンドイッチ。酸っぱさ控えめのシメ鯖をゴマ入りパンでサンド。辛子がアクセントにの大人の味

個室でゆっくり、多彩な料理を味わう

　大小13の個室があり、ビジネスや子ども連れも利用しやすい店。いけすから取り出す活魚は造りや寿司に、炭火で焼く焼き鳥など、多彩なメニューが楽しめる。

ごちそうや はなぱら
ごちそう家 はなぱら 〔和食〕

¥ おまかせ握り寿司六貫820円、焼き鳥盛合せ980円
☎ 079-590-1187　住 ささやまホロンピアホテル向かい　営 17:00〜24:00　休 なし　P あり

ピザがおすすめのファミリーレストラン

　ピザやハンバーグから和食まで、幅広いジャンルの料理があるファミリーレストラン。アイドリングタイムがないので、遅めのランチにも便利。充実したデザート類はカフェ利用の際にぜひ味わいたい。

ファミリーダイニング パラパラ 〔洋食 和食 カフェ〕

¥ ピザS800円〜、チーズインハンバーグ972円
☎ 079-590-1333　住 ささやまホロンピアホテル横　営 11:00〜24:00　休 なし　P あり

丹南 tannan

とっても小さな「飾りパン」

ネーミングもユニークで思わず笑顔になる

おいしくキュートなパンの店

スイーツ感覚のパンから、地元の食材を使った本格的な和風のパンまで、豊富な種類がそろう。「最後の一口までおいしく食べて欲しい」とサイズは小さめ。いろんな味を試せるのもうれしい。食用と同じ材料で作られる、小さな「飾りパン」も人気。まるで本物のパンのような繊細さと、愛らしさに思わずうっとりしてしまう。クリスマスツリーの飾りにもおすすめ。

ちいさなぱんばたけ
小さなパン畑　パン

￥丹波黒豆Q756円、くろっちょ216円、ぼく、ショコラ162円
☎079-594-1867　住篠山市東吹505　営8:00〜18:00　休水・日曜　Pあり
[MAP]P35-C3　→P29にも関連記事あり

ホウレン草のカレーなど種類も豊富

本格カレーとタンドールで焼く香ばしいチキン

32種類の香辛料を独自にブレンドした本格的なインドカレーが味わえる。インドの石窯「タンドール」で、備長炭を使って焼くチキンやシュリンプは香ばしくてスパイシー。9種類あるふっくらモチモチのビッグサイズなナンも、最後まで飽きずに食べられる。店内ではインド雑貨やスパイスも購入可能。

ビスヌ　その他

￥チーズナン525円、日替わりカリーセット864円、パンジャビセット1,296円
☎079-594-3628　住篠山市東吹505　営11:00〜15:00、17:00〜22:00（金曜23:00）、土曜11:00〜23:00、日曜11:00〜22:00　休なし　Pあり　[MAP]P35 C-3

作れる数に限りがあるため、売切れにご注意

皮はサクサク、中はとろりのシュークリーム

2時間かけて焼き上げる、しっかりとした厚めのシュー生地の中には、米粉と春日町の自然卵から作る特製カスタードクリームがたっぷり。黄味の味が濃く、なめらかなクリームはオーダーを受けてから注入されるため、シューのさっくり感が損なわれない。「極みのプリン」はカナダ・ケベック州の高級メープルシュガーを使用した上品な味わい。

スイーツファクトリー　スイーツ

￥シュークリーム180円、極みのプリン315円
☎079-594-4037　住篠山市網掛412-1　営10:30〜18:30　休水曜、不定休あり　Pあり
[MAP] P35 B-3

栗どら。店内にイートインスペースがあり、お茶と一緒にいただける

丹波の恵みを感じるお茶と和菓子

丹波茶の栽培から加工、小売りまでを手掛けるお茶と和菓子の店。丹波の気候風土で育つお茶は、甘みと旨みがある独特の味わいだ。通年商品の「栗どら」は、ふんわりとした生地に栗がたっぷり入ったつぶあんをサンドした人気商品。なめらかな純栗のあんペーストにお餅を入れて包んだ「栗もち」は、風味豊かで贅沢な気持ちになる一品だ。

すわえん いんたーてん
諏訪園 インター店　スイーツ 買いもの

￥栗どら200円、栗もち220円、草だんご120円、やぶきた茶100g 1,000円
☎079-594-2226　住篠山市杉字三反町164-2　営9:00〜18:30（喫茶は18:00）　休水曜（祝日は営業、翌日休）　Pあり　[MAP] P35 B-3

地元素材で作る川北ロールはお土産の定番

篠山産黒豆をバターの風味で包み込む

店名のとおり、黒豆を使ったお菓子がたくさん並ぶ洋菓子店。ふわふわのスポンジと生クリームが特徴の「川北ロール」は、もっちりとした黒豆がアクセントになっている。白あんのようなほっくりとした黒豆ペーストをクリームに使った「黒っきい」は、さっくり・しっとり、二つの食感が楽しめる。

おかしや まめばたけ
お菓子屋 豆畑　スイーツ

￥川北ロール1,242円、黒っきい216円、豆畑のバターカステラ194円
☎079-593-1552　住篠山市川北新田52　営10:00〜18:30　休火曜　Pあり　[MAP] P35 B-3

蕎麦

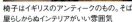
椅子はイギリスのアンティークのもの。そば屋らしからぬインテリアがいい雰囲気

店主の足立邦明さん。「手をかけることで、心がこもってそれが味わいに出ます」

ジャズレコードが流れる十割そばの店

　国内産の玄そばを挽いたそば粉と、丹波の天然水のみで作る十割そばが味わえる。玄そばは毎日石臼で手挽きし、薪窯で茹でる。手間をかけ、おもてなしの心をこめるのだ。店内にはピアノとドラムセット、ジュークボックスが置かれ、純和風の外観からは想像もつかない空間が広がる。大のジャズ好きという店主が集めたレコードやスピーカーの数々は圧巻。ぜひリクエストして流してもらおう。

たざえもん
多左ヱ門　麺

¥ざるそば900円、天ざる1,500円、ベーコン・ガレット800円（平日のみ）
☎079-552-3989　住篠山市西岡屋甲209-3
営11:30〜14:30　休火曜　Pあり　[MAP] P35 C-3

天ざるの天ぷらは海老やとり天のほか、丹波産の山の芋、しいたけやいんげんなど地元の幸がたっぷり

山の芋のとろろが後味すっきり

できたてを1秒でも早く口に入れたい

ねばりの強い山の芋をおろしたとろろは、もったりとした食感で、なめらかで口当たりがいい

石庭を眺めながらいただく自家製煎茶の茶そば

　その時々によって様々な表情を見せる石庭を眺めながら、茶そばをすする。箸休めは茶の佃煮。1200年前から茶の栽培が行われている味間奥エリアに自社の茶畑があり、自家製の煎茶から上品な茶の香りが立つ。なんとも言えない、穏やかな時間が流れる。

ほんけくまのえん　せきじゅあん
本家熊野園 石聚庵　麺

¥茶そば870円、篠山牛しゃぶ5,000円、懐石料理5,500円〜※懐石料理は4名以上、3日前までに要予約※すべて個室
☎079-594-0162　住篠山市味間奥456　営10:00〜21:00（ショップは17:00まで）　休木曜　Pあり　[MAP] P35 A-3

「生粉打ち」のもっちりそば

　メニューはそば切り、そばがき、そばがきぜんざいの3種類のみ。純粋なそばの味と香りをしっかりと感じられるよう、薬味は一切用意しない。自家製粉したそば粉100%の「生粉打ち」で作られた麺の、透き通る薄い緑色が美しい。独特のもっちりとした食感と芳醇な香りが楽しめる。

なみのたんしゅうそばどころ　いちえあん
波之丹州蕎麦処 一会庵　麺

¥そばがき900円、そばがきぜんざい750円、そば切り950円
☎079-552-1484　住篠山市大熊50-2　営11:30〜14:30（売切れ次第閉店）　休木曜（祝日は営業）
Pあり　[MAP] P35 C-3

山の芋をつなぎに使った二八そば

　明治の頃に建てられたかやぶきの民家でいただく篠山産の山の芋をつなぎに使った二八そば。とろろそばに付くたっぷりのとろろは、そばの上にのせてぶっかけにするもよし、つゆにとろろを入れて食べるもよし。地元・篠山の大地の味がする一品だ。

じねんじょあん
自然薯庵　麺

¥ざるそば900円、とろろそば1,200円
☎079-550-0727　住篠山市真南条上947-8
営11:30〜15:00（売切れ次第閉店）　休水曜、第2・4木曜　Pあり　[MAP] P35 C-4

とっておきのお店

新鮮な海の幸がたっぷりのった特選海鮮丼は、ランチ限定のお得なメニュー

女性にうれしいアイデア満載！特製ぼたん鍋

脂身が多いほど高級といわれる猪肉は、厚くスライスした丹波産の特上ロースのみを使用。山盛りのゴボウが香ばしさと食感の良さを際立たせ、みりんと酒を調合し、火で練ったあわせ味噌は食べ進むほどにコクが増してゆく。ヘルシーな猪肉にたっぷりの野菜、そしてイソフラボンを多く含む黒豆のきな粉も入る特製のぼたん鍋。女性客に人気があるのも頷ける。

ぜんしょ たんなんさりょう
膳所 丹南茶寮　　和食

¥ぼたん鍋7,020円、ぼたん鍋コース8,640円、猪肉のすき焼き7,020円、丹南会席5,940円
☎079-590-1020　篠山市味間新92-4　営11:30～13:30、17:00～22:00※定休日の翌日はランチ営業なし　休水曜、第4木曜　Pあり　[MAP] P35 B-3

見た目も華やかな、天然の猪肉

新鮮な魚を篠山で気軽に

山に囲まれた篠山で、新鮮な魚料理が食べられる店。日本海や瀬戸内海から直送される魚や、いけすに泳ぐ魚は厳選したものだけ。地元産の新鮮な野菜や米とともに、丁寧に料理されてテーブルに並ぶ。すべてが個室で、大人数で使える広い座敷もあるので、冬には鯛しゃぶやぼたん鍋、ふぐ料理をゆっくり味える。

かつぎょかっぽう ほうぎょえん
活魚割烹 宝魚園　　和食

¥昼／海鮮丼1,620円、宝御膳1,620円
夜／籠盛り会席「花」3,240円、「雪」4,320円、うな重2,916円
☎079-593-1341　篠山市川北新田52　営11:30～14:00、17:00～22:00　休火曜　Pあり
[MAP] P35 B-3

ゆったりと座れる座敷

蔵併設の直売所「秀月庵」で購入すると割引価格になる

清らかな伏流水と
山田錦で作る地酒

1916（大正5）年創業。灘で酒造りの修行を積んだ後、九州地区で7軒の酒蔵から依頼を受けて杜氏の育成役を務めた名杜氏狩場藤蔵が初代。ふるさと波賀野の地形を見て、この地に名水が出ることを確信。苦労の末、酒造りに適した伏流水を掘り当て、そこに酒蔵を構えたのが始まりだ。現在は酒米の王様「山田錦」を自家栽培し、一般酒に至るまで原料米を60％まで精米して仕込むこだわりの醸造スタイルを貫く。季節にあわせた6種類の生酒をはじめとして、味わいのある地酒「秀月」が楽しめる。

かりばしゅぞうじょう
狩場酒造場　　買い物

¥純米生（720ML）1,800円、生原酒(720ML)1,650円
☎0120-789-468　篠山市波賀野500　営10:00～19:00
休なし　Pあり　[MAP] P35 B-4　→P24にも関連記事

冷囲い純米生、冷囲い生原酒

西紀 Nishiki

美しい自然の中で発見がいっぱい

美しい花に癒やされる別名シャクナゲ寺

室町時代に建立された寺で、元々は別の場所にあったが、江戸時代にこの地へ引寺された。釈迦如来、普賢菩薩、文殊菩薩を本尊とする寺で、別名シャクナゲ寺とも呼ばれ、ゴールデンウィーク前後の見頃の時期は多くの観光客が鑑賞に訪れる。

しょうりんじ
松隣寺 寺社

☎079-592-0145　住篠山市本郷803-2　Pあり
[MAP] P34 D-1

仲間や家族と童心に返って自然の中で遊ぶ

湖を渡る風、木々のざわめき、季節の草花、とにかく自然がいっぱい。大人も子どもと一緒にフィールドアスレチックで冒険家気分を味わい、パターゴルフや釣りに興じる休日が楽しめる。自然の息吹を感じながらアウトドアを楽しもう。

ユニトピアささやま 温泉 宿泊 体験

¥入場料 大人300円、小人（5歳～小学6年生）200円
[フィールドアスレチック] 9:00～17:00（受付16:00まで）、利用料510円（運動ができる服装、靴が必要。5歳以上小学3年生以下は保護者同伴（有料）。4歳以下利用不可）
[パターゴルフ] 9:00～17:00（受付16:00まで）、利用料510円
☎079-552-5222　住篠山市矢代231-1　休なし　Pあり
[MAP] P35 C-3　→P9、85、115にも関連記事

地元の恵みをたっぷり楽しむ

地元で収穫された野菜や特産品、お土産を販売する黒豆の館。レストランでは田舎バイキングが好評で、毎日約30種類のおかずが並ぶ。地元で収穫した野菜を中心に、黒豆とコンニャクの炒め物や黒豆ごはんなど、黒豆を使ったメニューもいろいろ。ビーンズカフェでは、ケーキセットをオーダーすると、好きなケーキに黒豆ソフトが添えられて登場する。そのボリュームに驚くのが黒豆ロール。竹炭入りの真っ黒なスポンジが、きな粉クリームとふわっと軽い生クリームを包み込む。そのほか、トマトや栗など地元の恵みが詰まったケーキもある。毎月11日の手創り市には、持ち帰り用のお弁当も販売する。

くろまめのやかた
黒豆の館 和食 カフェ 買い物 体験

¥田舎バイキング1,296円、ケーキセット756円、栗ようかんセット756円
☎079-590-8077　住篠山市下坂井511-2　営9:00～17:00※田舎バイキングは11:10～15:00（14:00LO）※前日までの予約可
休火曜（祝日・手創り市の場合は翌日）　P　[MAP] P35 B-2
→P27にも関連記事

お土産で人気の栗ようかんもドリンクとセットで楽しめる。甘さ控えめで栗の旨みがぎっしり！

甘さの中に黒豆の香ばしさが感じられるソフトクリームが添えられたケーキセットは、コーヒーまたは紅茶付き

八上 日置
Hioki Yakami

お腹いっぱいになる日替わり定食

地元の人に愛される定食とうどんの店

リーズナブルにボリュームたっぷりの料理が味わえる、地元の人々に人気の定食とうどんの店。常連客も多い日替わり定食は「1ヵ月の間に同じメニューは出しません」とのこと。旬の食材がふんだんに使われ、メイン、小鉢2品、デザート、味噌汁、ごはんが付く。

やかみふるさとかん きっさ みちくさ
八上ふるさと館 喫茶 みちくさ 〈和食〉

¥ 山菜うどん500円、日替わり定食600円
☎ 079-552-0404　篠山市八上内567
営 10:00～15:00（ランチタイム11:00～14:00）
休 日曜　P あり　[MAP] P34 D-3

肩ひじを張らない艶やかな創作割烹

地元密着で親しまれている味自慢の割烹料理店。季節の有機野菜は顔を知った農家から仕入れ、地元食材を知り尽くした主人が格式張らない創作料理を提供する。ファンが多い篠山産の手切り生肉のみを使用する自家製味噌のぼたん鍋をはじめ、鍋類には全て、刺身、ごはんまたはうどん、フルーツが付く。

そうさくゆうりょうり かっぽう うおきよ
創作遊料理 割烹 うお清 〈和食〉

¥ [昼]ミニ懐石4,200円、[夜]本懐石6,300円、ぼたん鍋5,250円（毎年11月15日より予定）※要予約
☎ 079-556-2052　篠山市日置56-1　営 9:00～22:00
休 不定休　P あり　[MAP] P34 D-3

京懐石をベースに遊び心をプラス

小さなポーションに描かれたシェフの世界観が素敵

美しい和え物で素材の旨みをかみしめる

庄屋屋敷で季節を感じる美しい料理を

江戸時代に建てられた庄屋屋敷の雰囲気をそのままに、旬の野菜中心のコース料理が味わえる店。シェフの藤岡敏夫さんは、篠山の魅力に惚れこんで移り住み、自ら野菜を育て、山菜をとり、素材の持ち味を生かした料理に仕上げていく。また、芦屋で店頭販売のみ行う「芦屋ぷりん とあっせ」のプリンも購入できる。丹波の鶏卵と牛乳で作ったこだわりの一品をお土産に持ち帰ろう。

さとやましゅんさいりょうり ささらい
里山旬菜料理 ささらい 〈和食 カフェ〉

¥ ランチコース3,780円、5,400円、8,100円
☎ 079-556-3444　篠山市日置397　営 [ランチ] 12:00～（1部制、完全予約制）[カフェ] 10:00～17:30（LO）
休 火・水曜（祝日は営業）
※10・11月は火曜のみ休　P あり
[MAP] P34 D-3

コクのある味が特徴。とあっせの芦屋ぷりん

野菜の味をしっかり味わえる、週替わりのfutabaランチ

田園に囲まれたカフェで食べるみずみずしい野菜

自家製のコシヒカリをはじめ、自家農園や地元で採れる野菜を中心とした、体にやさしいランチが食べられる小さなカフェ。甘さ控えめなスイーツも、素朴なおいしさでファンが多い。多紀連山を見渡せる広々とした田園風景の中、手作りの味にほっとする。

ふたば かふぇ
futaba cafe 〈カフェ〉

¥ futabaランチ1,300円、スープランチ950円、ふたばロール390円
☎ 079-506-1573　篠山市八上内甲85-1
営 11:00～18:00　休 水・木曜　P あり
[MAP] P34 D-3

ウッディーな店内。窓から見える田んぼののどかな雰囲気を演出

村雲 丸山 城北
Murakumo Maruyama Shirokita

店の前には小川が流れ、後ろには森、目の前には田畑がひろがるロケーション

自然の水音と鳥の声だけが聞こえる里山で、そば懐石に舌鼓

集落丸山の一番奥に位置し、自然の音だけが聞こえる静かな環境。里山の風景に溶け込むように建てられた一軒家で、客席から見えるのは庭と続いているかのような景色。料理は懐石仕立てのそばのコースで、季節の野菜の盛り合わせ、天ぷら、そば寿司など。そばは「盛り」「あらびき」「おろし」の3種類。それぞれが一番おいしく味わえるように、そば粉のブレンドを変えて打ち分ける。

盛りそばは国産の玄そば5種をブレンドして打つ。甘味、香り、コシ、余韻のすべてのバランスがいい

しゅうらくまるやま ろあんまつだ
集落丸山 ろあん松田 [和食]

¥ お昼のコース7,560円、夜のコース10,584円
☎ 079-552-7755　篠山市丸山154
営 11:30〜、14:00〜、18:00〜（要予約）休 火・水曜　P あり　[MAP] P34 D-2

店主の松田慎之介さん。この風景を気に入り、店をオープンした父のあとを継いで3年目になる

上質な革の小物が並ぶ工房

昔ながらの手法で造られる醤油

「五つ星ひょうご」に認定されている花山椒のしょうゆ漬けは山椒の花のつぼみをじっくり漬け込んだ一品

手作りの靴と革製品でワンランクアップ

閉校になった小学校の中にある、靴職人の田代慎吾さんのアトリエに足を踏み入れると、ふわっと革のいい香りがする。足に合わせた好みのデザインをオーダーできるほか、靴作り教室や革小物作りのワークショップも開催。革を使ったヘアゴムやポーチなど、一つひとつ個性がある小物を選ぶのが楽しい。

足に合わせてセミオーダー、フルオーダー可

篠山産の山菜を生かした昔ながらの味わい深い漬物と佃煮

1918（大正7）年から受け継がれ、4代目が今もその味を守り続ける。素朴で風味豊かな醤油は、ダシにこだわるそば屋や篠山の人々から愛されている、隠れた逸品だ。手作りの漬物や佃煮は、季節の山菜がもつ素材としての個性と醤油の風味を生かした造り醤油屋ならではの味で、ごはんにもお酒にも合う。

ねりお
Nelio [買い物]

¥ オーダーシューズメンズ73,440円〜、レディス38,880円〜
☎ 080-1438-5946　篠山市西本荘西本荘2-1 旧雲部小学校2F
営 11:00〜16:00　休 火・水・木曜、不定休あり
P あり　[MAP] P34 E-3

たなかしょうゆてん
田中醤油店 [買い物]

¥ こいくち醤油（一升）890円、お試しサイズ290円、佃煮324円〜810円、花山椒の醤油漬け1,620円
☎ 079-552-0247　篠山市新荘432-1　営 9:00〜17:00　休 日曜・祝日　P あり　[MAP] P34 D-3

三たてを味わう
細めの十割そば

　丸抜きしたそばの実だけを石臼で挽き、挽きたての粉でその日の朝に打ったそばを茹でたてで出す。これがおいしい蕎麦の条件である「三たて」。天ざるは、春はタケノコやタラの芽、秋は栗やしめじ、冬はカブや黒豆など、季節の野菜を使った天ぷらが食欲をそそる。辛み大根を使ったざるおろしや大和いものざるとろろも、さっぱりとしていて蕎麦の味が引き立つ。粗挽きのそば粉を混ぜた自家製白玉のアイスやぜんざいなどのデザートも楽しみたい。

大きな窓から見える緑がすがすがしい一軒家のお店

季節感あふれる天ぷらがおいしい天ざると、ほんのり香ばしいそば白玉アイス

てうちそば くげ
手打ち蕎麦 くげ　麺

¥ 天ざる1,550円、ざるおろし1,050円、ざるとろろ1,300円、そば白玉アイス（5月〜10月）600円、そば白玉ぜんざい（11月〜4月）600円
☎ 079-506-9802　篠山市草ノ上227
営 11:30〜14:30（売切れ次第閉店）　休 水曜、第1・3火曜（祝日は営業）　P あり
[MAP] P34 E-2

甘めでもしつこくないので、シメのごはんまで箸が止まらない

猟師の女将が作る
絶品の猪肉料理

　ぼたん鍋は、ドングリなど山の恵みで育った野生の猪と、直営の牧場で独自の飼料で育てたくさみのない猪を使う。煮込むほどおいしくなるのが猪肉の特徴だ。野菜はすぐそばの畑で自家栽培したもので、自らも猟師の免許を持つという明るい女将との会話も楽しい。

おくえい
奥栄　和食

¥ ぼたん鍋5150円、しゃぶしゃぶ6,150円、すき焼き6,150円、猪焼肉1,050円
☎ 079-552-4441　篠山市藤岡奥492-5
営 11:00〜21:00※要予約　休 不定休　P あり
[MAP] P35 C-2

体と心にしみいる山の幸の旨み

雰囲気満点！
厳選した猪肉を特製味噌で

　天然の谷水と自家製の特製味噌仕立てのダシに野菜をふんだんに入れ、最もやわらかい肉質を持つ出産未経験のメス猪の肉だけを贅沢に使ったぼたん鍋。シメは、旨みたっぷりのダシに卵を落とし、ごはんにかけたアツアツを頬張りたい。風情ある茅葺屋根の下、いろりを囲んで味わう鍋はまさに至福のひとときだ。

いわや　和食

¥ ぼたん鍋6,232円、地鶏のすきやき4,612円、篠山牛のすきやき6,232円
☎ 079-552-0702　篠山市火打岩495-1
営 11:00〜20:00（LO）　休 4月〜9月の木曜　P あり
[MAP] P34 D-2

安心素材のフレンチをコースで

里山で味わう本格フレンチ

　正統派フレンチをベースに、山菜や野菜を独創的にアレンジ。メニューは基本的に月替わりだが、旬に合わせて違うメニューが登場するのもひそかな楽しみだ。米や野菜はもちろん、飼っているヤギの乳やニワトリの卵などの素材も自家製というから驚く。のんびりした空気が流れる、自然に対する深い愛情を感じられる店。

ボー・シュマン　フレンチ

¥ シェフおまかせのコース料理（6皿）5,400円、軽めのコース（3品）2,700円　※昼夜共通
☎ 079-506-2358　篠山市小立299　営 レストラン12:00〜15:00、18:00〜22:00※前日までに要予約、3〜4組のみ（2,700円のコースは当日予約も可）
休 不定休　P あり　[MAP] P34 E-2

イタリアの焼き菓子ビスコット、ビスケットにチョコをサンドしたバーチ・ディ・ダーマ、イタリアのドーナツボンボローネなど

栗のタルト

ズッコット

ナポリ流のエスプレッソはバリスタでもある兼井シェフの真骨頂

パンとケーキがおいしい
カフェづかいができるイタリアン

　夫婦二人三脚で営むイタリア料理の店。オーナーシェフは、かつて神戸・岡本でエスプレッソ専門店を営んでいたバリスタ、奥さんは今も神戸でパン作りを教える料理人だ。細かい泡「クレマ」が香りを閉じ込めるエスプレッソは、スプーン一杯の砂糖を加えると、ビターチョコレートのようなほのかな甘さと苦味が広がる。カフェタイムには、イタリアの焼き菓子とエスプレッソでゆっくりしたい。

トラットリア アル ラグー　　イタリアン カフェ パン スイーツ

¥イタリアの焼き菓子セット464円、エスプレッソ270円
栗のタルト（ホール）2,592円、ズッコット（ホール）2,505円
☎079-506-3070　篠山市福住384　12:00～15:00、18:00～21:00(夜は2～3日前までに要予約)[カフェ]12:00～18:00　休月・火曜(祝日は営業)　Pあり　[MAP] P34 F-3　→P12、28にも関連記事あり

福住 Fukusumi

江戸時代、旅人が休息をとった宿場町「福住」。
街道に面して昔ながらの町家が残る、風情のあるまちだ。

国鉄福住駅跡

アレルギーの人も安心
体にやさしいパン

2015（平成27）年にオープンした夫婦で営むパン屋さん。「シンプルな素材で、素朴でおいしいパンを作りたい」と、卵や乳製品を使わず、国産小麦の味と香りがそのまま感じられる体にやさしいパンが15種類ほど並ぶ。ベーグルも食パンと同じく、生地の一部を熱湯でこねる湯だね製法で作る。一晩おいた長時間発酵の生地は、もちもちとした仕上がりで人気。

ののはな
NONOHANA パン

- ベーグル160円～
- 079-506-6625
- 篠山市八上上299
- 10:00～18:00（土・日曜は9:00～）
- 月・火曜、祝日
- [MAP] P34 D-3 →P28にも関連記事あり

味わいのあるパンが15～16種類並ぶ。その内ベーグルは4～5種類

店内から生地をこねている様子が見える

きめ細かい泡がビールのおいしさを包み込む

ジグザグIPA

ジグザグヴァイツェン

独学で辿り着いた地ビールの極み

ビール好きが高じて資格を取り、ついに醸造所をオープンしてしまった山取直樹さん。20種類のイーストと10種類のホップを駆使し、様々なタイプのビールを小ロットで生産する。種類によってグラスも変えるという徹底ぶりだ。フルーティーでさわやかな酸味が特徴の「ジグザグヴァイツェン」や、モルトのコクと苦みがきいた「ジグザグIPA」、柑橘系ホップの香りが広がる「ジグザグペールエール」といったスタンダードなものから、黒豆をブレンドした「黒豆ビール」まで、ここでしか飲めない味が楽しめる。

たんばささやま　じぐざぐぶるわりー
丹波篠山 ジグザグブルワリー その他

- ビンビール各種540円～
- 079-506-1263
- 篠山市福住191-1
- 不定期
- TELにて要事前確認
- あり [MAP] P34 F-3

今田 Konda

新鮮な卵とコシヒカリ
シンプルなおいしさは素材の力

たっぷりごはんに、卵は5個までOK。ただし黄身のみは3個まで

　BGMに「たまごかけごはんの唄」が流れる明るい店内。メインメニューは、炊きたてのごはんに三田高原の平飼い鶏のブランド卵「おもいやり・たまご」が付いた定食。その日の朝生まれた卵が毎日届き、濃厚な味がごはんと絡んでとってもまろやか。国産丸大豆を使ったオリジナル醤油をはじめ、数種類の醤油から好みのものを選ぶ。おいしくて、つい自宅用に卵や醤油を買ってしまうのだ。

たまごかけごはんのみせ たまのすけ
たまごかけごはんの店 玉の助 　和食

中瀬保彦さんと奥様で店を切り盛りする

だし巻きと地元今田町の黒豆豆腐

¥ 卵かけ定食454円、ごはんのお代わり250円、日替わりの一皿100円〜、だし巻き162円
☎ 079-506-6946　住 篠山市今田町下小野原821-1　営 10:00〜18:00（11月〜3月は17:00まで）　休 火曜（祝日は営業、翌日休）
P あり　[MAP] P37 A-3

彩り豊かな料理に
思わず感嘆の声

落ち着いた雰囲気のなか、美しい創作和食を

　見た目も美しく、素材の味を大切にした料理は、ひと口ごとに違う味が楽しめる。野菜のムースに和風だしのジュレを合わせるなど、創作和食の多彩な味わい。素材の組み合わせと料理法で季節を感じさせる美しい日本料理をコースでいただこう。

しゅんさい・じやさい みやま
旬彩・地野菜 みやま 　和食

¥ 恵（めぐみ）2,100円（昼のみ）、魁（さきがけ）3,150円
☎ 079-597-2990　住 篠山市今田町上立杭1-455　営 11:30〜14:00（LO）、18:00〜20:00（LO）　休 火曜、第2月曜　P あり　[MAP] P37 A-1

野菜たっぷりの
創作和食ランチ

野菜の彩りが目に鮮やかなそらランチ。ドレッシングももちろん自家製

　ログハウスの店内は明るくて、ゆったりと落ち着ける。食数限定のそらランチは、メイン、小鉢3品、茶碗蒸し、ごはん、具だくさんみそ汁と、栄養もボリュームも満点。地元で採れる旬の食材を使った健康志向の料理は、体の中から元気になれる。

わふうれすとらん かふぇ そら
和風レストラン カフェ そら 　和食

¥ そらランチ1,720円、【おそめのランチ】トマトシチュー1,000円、えび天あんかけライス1,000円、とんかつサンド750円
☎ 079-597-2223　住 篠山市今田町上小原町133-1　営 11:00〜17:00（16:30LO、11:00〜13:30はそらランチのみ）※ディナーは前日要予約　休 月曜、第1日曜
P あり　[MAP] P37 B-3

無農薬野菜を使った
薬膳料理

ここでしか食べられない料理がたくさん

　土地の素材を使った薬膳料理がコースで味わえる。使う野菜はすべて店主自らが耕す畑か、地元今田でとれた無農薬のもの。ごはんは極限農薬、天日干しの米を卓上の釜で炊く。砂糖を一切使わず、甘酒や干し柿を取り入れて味付けするなど工夫と手間を重ねた料理は、滋味深い味わいだ。

やくぜんりょうり おかげさん
薬膳料理 おかげさん 　和食

¥ コース2,000円〜（内容は応相談）
☎ 079-597-3686　住 篠山市今田町市原313　営 要予約　休 なし　P あり　[MAP] P37 A-4

ボリュームに大満足の
韓国料理

辛さが心配な場合は、調整もできるので気軽に声をかけて

　あつあつの鉄鍋ピビンパやホルモン鍋がメインの定食は、キムチとナムル、チヂミまでついてボリューム満点。今田の野菜を7〜8種類使ったピビンパは韓国から取り寄せる唐辛子やニンニクを使う特製ダレがかかり、辛さがクセになる本場の味。しっかり混ぜて頬張ろう。

すらっかん
水刺間 　その他

¥ 鉄板ピビンパ定食1,200円、ホルモン鍋定食1,500円、コース料理2,500円
☎ 079-597-3172　住 篠山市今田町今田197　営 11:30〜14:00、金・土・日曜17:00〜22:00　休 月曜、第2火曜　P あり　[MAP] P37 A-3

70

今田 Konda

そばの実入りの鴨ごはんはテイクアウトもできる

炒めた鴨とネギの上に、たたき状の鴨ロース肉をトッピングした鴨南蛮

細くしなやかながら
コシの強い十割そばをいろり端で

　福井産の玄そばを自家製粉、手打ちし、鋭利な包丁で前後に引き切る「裁ち切り」という独自の手法で、コシの強い麺を作り出す。断面がなめらかに切れて「角が立つ」そばは、温かいダシの中でも伸びずにつるりとした食感が楽しめる。鴨とゴボウ、そばの実が入った鴨ごはんの香ばしい味も、そばと合わせて楽しみたい。

いっしんぼう
一眞坊 〔麺〕

¥ もりそば大1,500円、中1,000円、小500円、鴨南蛮1,650円、鴨ごはん500円
☎ 079-506-3956　篠山市今田町釜屋29-2　営 11:00～15:00　休 月曜　P あり
[MAP] P37 A-4

味わい深い十割そばと
豊富なサイドメニュー

　つなぎを一切使わない十割そばは、しなやかな喉ごしで、そばの風味がしっかりと感じられる。セイロやたぬきそばなど定番のメニューのほか、強烈な辛さがクセになる辛味大根を添えた辛味そばや、そばが隠れるほどに地元野菜がたっぷりのったサラダそばも。

山菜ごはんや小鉢などがついた天セイロ定食

そばきり ゆるり
蕎麦切 ゆる里 〔麺〕

¥ 天セイロ定食1,550円、辛味そば930円、サラダそば1,080円
☎ 079-597-3723　篠山市今田町今田3-16　営 11:00～15:00（14:30LO）売切れ次第閉店　休 火・水曜（祝日は営業）　P あり　[MAP] P37 A-3

100％自家栽培の
十割そば

季節のごはんや揚げそばのきのこあんかけが付く「ねじきのとも」

　篠山の地で種から育てたそばの実と、ねじきの伏流水だけで作る喉ごしのよい十割そばが味わえる。「時夢館」は幼なじみ5名が何十年もの歳月をかけて実現した夢の空間。「ふるさとを盛り上げたい」という地元への愛情が産んだ味を楽しみに、たくさんのお客がやってくる。

たいむはうす ねじきそば
時夢館 ねじき蕎麦 〔麺〕

¥ ねじきのとも1,296円、冷そば864円、季節のおにぎり324円、コーヒー216円
☎ 079-597-3364　篠山市今田町黒石ねじき96-8　営 11:00～売切れ次第閉店
休 月～木曜（祝日は営業）　P あり　[MAP] P37 A-3

旨みあふれる丹波あじわいどり

　特製ミンチのつくねは、5つの部位をブレンドしたやわらかい肉の間から、玉ネギのシャリシャリした食感が顔を出す。肉の旨みを包み込むソフトな味の自家製タレは、糖分をおさえて野菜の甘みを生かしている。丹波あじわいどりのからあげも、ジューシーで余分な脂肪がなく、さっぱりと食べられるのがポイントだ。店内には丹波焼の若手作家らの器のコーナーもある。お弁当やオードブル注文もOK。

旨味たっぷり、鶏料理の数々

たんばちきんのようしょくれすとらん ぺさぱろ
丹波チキンの洋食レストラン ペサパロ 〔肉〕

¥ セット（ドイツハムとサラダ、スープ、丹波あじわいどりのからあげ、特製ミンチのつくねだんご、ごはん、漬物、デザート）1,690円 [テイクアウト] つくねだんご2本390円、丹波あじわいどりのからあげ6個700円
☎ 079-506-4335　篠山市今田町辰巳177　営 11:00～14:30（LO）、17:00～20:00（LO）　休 木曜ディナータイム　P あり　[MAP] P37 B-3

ゆったり座敷でぼたん鍋

　赤味噌ベースの秘伝のダシでたっぷりの野菜と共に煮込むぼたん鍋。旧知の猟師から直接入手する猪肉は、煮込むほどにやわらかくなり、軽くふった粉山椒がアクセントになって、甘みがあふれ出る。冬限定の滋味を堪能したい。

新鮮な猪肉は旨みがたっぷり

まるはち たにがわ
㊇たにがわ 〔和食〕

¥ ぼたん鍋5,400円～ ※要予約
☎ 079-597-2592　篠山市今田町上小野原393　営 11:00～15:00
休 日曜（法事・祝い事は受付）　P あり　[MAP] P37 B-3

国産黒毛和牛の赤身を使ったシチュー。自家製のハーブパンには、季節のハーブやフルーツが入る

抹茶には和菓子、コーヒーには洋菓子がそれぞれ付く

マルゲリータは、三田日向牧場のモッツァレラチーズと自家製トマトソースが決め手

心と体を癒やす
ハーブガーデンカフェ

テラス席がある庭では、年間100種類ほどのハーブを栽培。季節のハーブを料理に取り入れ、手作りのコンフィチュールも販売している。さわやかな香りが匂い立つテラス席で、田園風景を眺めてのんびり。植物のチカラで心も体も元気になれるカフェだ。

ハーブガーデンカフェ アニス 〈カフェ 買い物〉
- お肉ゴロゴロシチューセット1,800円、デザートセット1,100円
- 079-597-3691
- 篠山市今田町下小野原70-6
- 10:00〜17:00
- 月〜木曜(12月〜3月は休業)
- あり [MAP] P37 A-3

ゆったりした時間が流れる
カフェギャラリー

かわいらしい三角の屋根が目印のカフェギャラリー。庭で摘んだブルーベリーたっぷりのマフィンや、香り高いサイフォンコーヒーでほっと一息つこう。店で使われる器はすべてオーナーである窯元の作品。購入もできるので、カフェで手触り、口当たりを実際に試したうえでお気に入りを買って帰ろう。

しゅうげいかん
集芸館 〈カフェ 買い物〉
- コーヒー・紅茶・抹茶 各500円、グリーンティー600円、ブルーベリーマフィン300円
- 079-597-2007
- 篠山市今田町上立杭陶の郷横入ル
- 11:30〜17:00
- 木曜
- あり
- [MAP] P37 A-2

焼き物のまちの名物ピザ

外はパリッ、中はもちっとした食感を生み出す秘密は、丹波焼の登り窯を模した構造の薪窯。400度の高温で、約1分ほどで素早く生地を焼き上げる。マルゲリータなど定番のピザのほか「松茸のピザ」や「国産牛の焼肉のピザ」など月替わりのピザも要チェック。

どーの
DONO 〈イタリアン〉
- 平日ランチセット(サラダ、ドリンク付)1,300円〜、マルゲリータ1,300円
- 079-597-3714
- 篠山市今田町釜屋629
- 11:00〜20:00 (平日は15:00まで、30分前LO)
- 月曜(祝日は営業、翌日休)
- あり
- [MAP] P37 A-4

ミュージアム Museum

年に4回開催される特別展や、古丹波をはじめとする収蔵品中心のテーマ展に多くの人が訪れる。現代陶芸のコレクションは国内外のものが多数あり、見応え抜群だ。工房を活用した教室は、初心者から上級者向けまで様々なプログラムが用意されている。

建築物として見ても美しい美術館

ひょうごとうげいびじゅつかん
兵庫陶芸美術館 〈見どころ〉
- 観覧有料(金額は展覧会によって異なる) ※入館無料
- 079-597-3961
- 篠山市今田町上立杭4
- 10:00〜19:00 (11月〜3月は10:00〜18:00)
- あり [MAP] P37 A-2

鎌倉から江戸時代の「古丹波」と現代作家の作品を展示。「窯元横丁」では、52軒の窯元の個性豊かな作品に触れることができる。普段づかいの器から工芸品まで丹波焼の魅力がつまっている。

ここを見た後で、気になった窯元を周るのがおすすめだ

たちくい すえのさと
立杭 陶の郷 〈見どころ〉
- 入園料：高校生以上200円、小中学生50円
- 079-597-2034
- 篠山市今田町上立杭3
- 10:00〜18:00、(10月〜3月は17:00まで)
- なし あり [MAP] P37 A-2

もっちりした食感の生パスタがおいしいイタリアン。ケーキセットから黒豆コロッケなどのアラカルト、陶板焼きがメインの季節のフルコースまであり、幅広いシーンで利用できる。

こくぞう
虚空蔵 〈イタリアン〉
- 虚空蔵ランチ1,620円、ケーキセット648円、篠山牛の陶板焼きフルコース3,024円
- 079-590-3633
- 11:00〜19:00 (18:00LO) 11月〜3月は11:00〜18:00 (17:00LO)
- 月曜(祝日は営業、翌日休)、不定休あり
- あり [MAP] P37 A-2

猪肉や丹波地鶏、山の芋や黒豆など地の物を使った定食が豊富。黒豆のきな粉を生地に混ぜ込んだシフォンケーキなど、手作りのカフェメニューも味わえる。

ししぎん すえのさとてん
獅子銀 陶の郷店 〈和食〉
- 各種定食1,296円〜、黒豆のシフォンケーキ(ドリンクセット)648円 ※飲食のみ利用の場合、陶の郷入館料は不要
- 079-597-2173
- 10:00〜18:00
- なし
- あり [MAP] P37 A-2

今田 Konda

ぬくもりの郷で日がな一日のんびり過ごす
温泉 食事 買い物

豊富な湯量を誇る山の中の天然温泉。「丹波焼陶板風呂」「丹波石岩風呂」があり、広い露天風呂もとても心地よい。ゆっくり湯につかったら、食事をとったり、休憩コーナーでリラックス。喫茶、買い物、観光情報集めなど、まる一日ゆっくりとした時間を過ごせる。

こんだやくしおんせん ぬくもりのさと
こんだ薬師温泉 ぬくもりの郷
¥大人（12歳以上）700円、小人（6〜11歳）300円
☎079-590-3377 篠山市今田町今田新田21-10 ⏰10:00〜22:00 （21:30受付終了） 休火曜（祝日は営業）Pあり [MAP] P37 A-3
→P84にも関連記事

湯上がりタイムは軽食コーナーでくつろごう

吹き抜けの広々とした空間で、うどんやそば、寿司、ソフトクリームなどの軽食メニューが食べられる。温泉につかったあとは、座敷で足を伸ばしてさらにリラックス。窓の外の緑を眺めながら心ゆくまでくつろごう。

ぬくもりてい
ぬくもり亭
⏰11:00〜21:00

和を基本とした創作料理のレストラン

地元の野菜や特産物を使った創作和食の店。厳選した魚や肉とともに、旬の味が堪能できる。レストランだけの利用もOKだ。

しゅんなせんみ さぎそう
旬菜千味 さぎ草
⏰11:30〜15:00（14:30LO）休月・火曜

毎朝届く新鮮な野菜が買える農産物直売所

近隣の農家から毎朝とれたての野菜が持ち込まれる。生産者の顔が見える米、黒豆、手作りの黒豆味噌や餅などのほか、窯元の器も並ぶ。

こんだしゅんさいいち みのり
こんだ旬菜市 農
⏰10:00〜17:00
→P27にも関連記事

別館「農林水産加工棟」⏰10:00〜17:00

おいしくてリーズナブルなおふくろの味

地元の野菜を使ってお母さんたちが丁寧に作る惣菜や弁当を販売。特産品の住山ゴボウが入った炊き込みごはんのお弁当が人気だ。イートインもできるが、晩ごはん用にテイクアウトも便利。

さぎそうぐるーぷ
さぎ草グループ ☎080-1449-6486

行楽弁当570円、豆腐おからコロッケ110円、惣菜110円〜

大豆の旨みが生きた手作り豆腐

篠山産のオオツル大豆と高知県室戸沖の海洋深層水のにがりだけを使った豆腐。その場でもいただける寄せ豆腐は、大豆の旨みとコクのある味わいでヘルシーなおやつとしてもおすすめだ。

寄せ豆腐100円、丹波黒豆絹豆腐（350g）370円

てづくりとうふこうぼう ゆめとうふ
手作り豆腐工房 夢豆腐 ☎079-597-3780

丹波の素材で作る高級なジェラート

新鮮な丹波産の牛乳と、地元の素材をブレンドして作るヘルシーなジェラート。夢豆腐の豆乳を使った「豆乳きなこ」や「黒豆」「ほうじ茶」など、ここでしか食べられない味は格別だ。

2つの味が楽しめるシングル300円。ダブル（2品大盛り）370円

てづくりあいす なごみ
手作りアイス 和

丹波焼

復活した最古の登り窯

越前・瀬戸・常滑・信楽・備前、そして丹波。中世の時代から現在まで、継続して陶器の生産を続けているこの6ヵ所の産地を日本六古窯という。

丹波焼は丹波立杭焼ともよばれ、平安時代末期から鎌倉時代はじめの1200年頃が発祥とされている。1600年頃に、それまで使われていた穴窯に加えて効率的な登り窯（蛇窯）が取り入れられ、蹴りロクロの普及もあって生産量が大幅に増えた。現在も篠山市今田町立杭エリアには60軒ほどの窯元が軒を並べ、日々作陶に励んでいる。

この町の一角に兵庫県の重要有形民俗文化財に指定されている登り窯がある。1895（明治28）年に作られたもので、初期の登り窯の形状を残し、現在も使われている丹波焼の里で唯一のものである。老朽化が激しくなり、2年の歳月をかけて修復を終えたのは2015（平成27）年の秋のことだった。修復後初の焼成は4日間かけて行われ、その後も定期的に活用されている。

修復を終えた登り窯

全長47メートル、9袋の焼成室がある大規模な登り窯。2014年春、「まくら」と呼ばれる日干し煉瓦を作るところから始まった修復作業は、多くのボランティアが参加した。また、陶工たちにとって、国の「記録作成等の措置を講ずべき無形文化財」に選択されている登り窯の築窯技術を継承する、重要な事業であった。

チャレンジする若手作家たち

若手作家が登り窯で焼いた、個性的な作品をピックアップ。

白丹波 徳利とぐい呑セット
21,000円

たんぶんがま おおにしまさふみ
丹文窯 大西雅文
☎079-597-2089
🏠篠山市今田町下立杭67
[MAP] P37 A-4

ぐいのみ 7,560円　　酒器 9,720円

焼きしめ瓶
14,000円

がほうがま いちのけんた
雅峰窯 市野健太
☎079-597-2107
🏠篠山市今田町上立杭355
[MAP] P37 A-2

丹波酒器と丹波ぐい呑

たんばげんうえもんがま いちのたろう
丹波源右衛門窯 市野太郎
☎079-597-2650
🏠篠山市今田町上立杭451
[MAP] P37 A-2

丹波窯変鎬花入
15,000円

まるはちがま しみずよしひさ
丸八窯 清水義久
☎079-597-2102
🏠篠山市今田町上立杭363-1
[MAP] P37 A-2

蛇窯角花生
21,600円

ちよいちとうぼう しみずまさとし
千代市陶房 清水万佐年
☎079-597-2288
🏠篠山市今田町上立杭5
[MAP] P37 A-1

 TANBAYAKI

美しい手仕事 丹波焼の器

現代の陶芸家たちは、ものによって、松薪を使って焼く登り窯や穴窯、ガス窯、電機窯を使い分けている。
ベテラン陶芸家が、伝統的な松薪で焼いた力強い作品を紹介したい。

赤土部器

豪快な面取りと赤土部の繊細な表情が、絶妙なバランスで美しさを織りなす。

赤土部器

すえはるがま にしはたただし
末晴窯 西端正
☎079-597-3162
🏠篠山市今田町上立杭2-12
[MAP] P37 A-1

研ぎ澄まされた
ロクロ技術から生まれる作品。
その素朴で深い趣が、
心を穏やかにする。

使うほどに手に馴染み、
味わいを増す。
自然釉の風情を
存分に感じて。

たんせんがま いちのきよはる
丹泉窯 市野清治
☎079-597-2105
🏠篠山市今田町上立杭527
[MAP] P37 A-2

ドベ釉広口壺

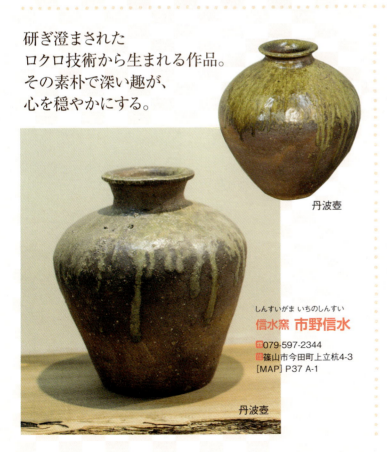

丹波壺

しんすいがま いちのしんすい
信水窯 市野信水
☎079-597-2344
🏠篠山市今田町上立杭4-3
[MAP] P37 A-1

丹波壺

割ける

暮らしの中で大切に使いたい
手作りのうつわ

日々の生活により添いながら、インテリア性も大切に。毎日が楽しくなる洗練された器。

800年の伝統を受け継ぎ、新しいスタイルを取り入れてきた個性豊かな作品の数々。窯元を訪ねて、お気に入りをみつけよう。

たいがこうぼう
大雅工房
☎079-597-2010
篠山市今田町下小野原837
[MAP] P37 A-1

マグカップ1,836円
楕円皿1,512円

器とオブジェの境界線にあるような、立体的な造形美

丹波汽車茶瓶8,500円

とうかつがま いちのかつき
陶勝窯 市野勝磯
☎079-597-3050
篠山市今田町上立杭2
[MAP] P37 A-2

フリーハンドで描かれる繊細なラインには、力強さも満ちている

めし碗5,000円

さとるがま いちのてつじ
悟窯 市野哲次
☎079-597-3006
篠山市今田町上立杭398
[MAP] P37 A-2

伝統とモダンの融合が生み出す、独創的な作品

リムしのぎ皿3,240円

がほうがま いちのひでゆき
雅峰窯 市野秀之
☎079-597-2107
篠山市今田町上立杭355
[MAP] P37 A-2

刷毛目の魅力を追求。その静の美にうっとりする

刷毛目カップ&ソーサー2,160円

つぼいち いちのげんしょう
壺市 市野元祥
☎079-597-2664
篠山市今田町上立杭330
[MAP] P37 A-2

TANBAYAKI

粉引プレート 4,104円

粉引の奥深さを追求し、
使い勝手を考えたシンプル和モダン
丹水窯 田中聡
たんすいがま たなかさとる
☎079-597-2371
🏠篠山市今田町上立杭篠尾口2-5
[MAP] P37 A-1

彩色灰釉片口 4,860円

独特のやさしい
色味と風合いが魅力
信凛窯 仲岡信人
しんりんがま なかおかのぶひと
☎079-506-2108
🏠篠山市今田町下立杭180-1
[MAP] P37 A-2

「用と美」の伝統を
受け継ぎ、現代の
生活にマッチした
作品を生み出す
稲右衛門窯 上中剛司
いなえもんがま うえなかつよし
☎079-597-3105
🏠篠山市今田町下立杭183
[MAP] P37 A-2

彩色しのぎ三寸皿
1個 972円

存在感あふれるシックな装い
省三窯 市野秀作
しょうぞうがま いちのしゅうさく
☎079-597-3450
🏠篠山市今田町上立杭2-2
[MAP] P37 A-1

ルリ釉コーヒーカップ&ソーサー 4,320円

マグカップ 3,500円

独創的な器は、
輝く可能性で
あふれている
昇陽窯 大上裕樹
しょうようがま おおがみゆうき
☎079-597-2213
🏠篠山市今田町下立杭8
[MAP] P37 A-2

緻密な計算が
されている、
オリジナルデザイン
「泥彩」
としひこがま
俊彦窯
☎079-597-2647
🏠篠山市今田町上立杭396
[MAP] P37 A-2

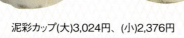
泥彩カップ(大)3,024円、(小)2,376円

飴釉スリップ文飯茶碗 小 1,500円

本場仕込みの
スリップウエア。
偶然が生み出す
奇跡の模様
丹窓窯 市野茂子
たんそうがま いちのしげこ
☎079-597-2057
🏠篠山市今田町上立杭327
[MAP] P37 A-1

躍動感の中に
女性らしさを感じ、
思わず目を奪われる
末晴窯 西端春奈
すえはるがま にしはたはるな
☎079-597-3162
🏠篠山市今田町上立杭2-12
[MAP] P37 A-1

ぐい呑み 3,000円

丹波・篠山 もみじを訪ねて寺社めぐり

山々が色付く秋、丹波の山寺や神社の風情あるたたずまいが赤や黄色の紅葉に包まれる景色は、なんともいえない美しさ。

篠山もみじ三山

四季折々に美しい花が咲くことから、花の寺とも呼ばれ親しまれている。646（大化2）年、法道仙人が開いたとされる由緒ある寺院。周りの山々や庭園が美しく色付く。

高蔵寺 こうぞうじ
¥300円
☎079-596-0636　篠山市高倉276
[MAP] P35 B-2 →P20にも関連記事

お茶の生産地として知られている味間奥にある寺で、禅宗様式（唐様）と和様式を折衷した建物は建築学上珍しいもの。山々や境内の木々の紅葉が見事。

大國寺 だいこくじ
¥入山料300円、拝観料800円（入山料含む）
☎079-594-0212　篠山市味間奥162
[MAP] P35 B-3 →P21にも関連記事

真如院、大勝院、観明院の3院からなる寺。現在の楼門は天正末期に建立されたもので、篠山市内の楼門の中では最大規模。文保寺本堂周辺では紅葉と銀杏が楽しめる。

文保寺 ぶんぽうじ
¥300円（11月のみ）
☎079-594-0073　篠山市味間南1097 [MAP] P35 B-4 →P21、114にも関連記事

夫婦円満の象徴とされる雌雄2本並んだ「夫婦イチョウ」は、樹齢350年の大木で、葉がすべて黄金色に染まると神々しく輝いて見える。境内に舞い落ちて黄金色の絨毯のようになるのもまた格別の美しさだ。

おってじんじゃ
追手神社
☎ 079-552-3380（篠山観光案内所） 住 篠山市大山宮302
P なし [MAP] P35 A-2

南北朝時代の1374年にに建立された曹洞宗の古刹。足利将軍家や丹波守護細川氏の支持を受け、江戸時代には十万石の格式を与えられた。天正年間以降度重なる火災にあい、現在の本堂は1974（昭和49）年に再建されたもの。境内にはもみじとイチョウの大木が多く、晩秋に色付くさまは見事。

とうこうじ
洞光寺
住 篠山市東本荘301
[MAP] P34 E-3

丹波9ヵ寺もみじめぐり

山に囲まれた丹波市では、いたるところで秋の紅葉を楽しむことができる。なかでも静かな山寺を包み込むような美しい紅葉は、訪れる人の心に静かな感動を与えてくれる。紅葉まつりやライトアップを行う寺院もあるので、事前に確認のうえ、紅葉狩りに出かけよう。

1 こうげんじ 高源寺
惣門をくぐると約200本の天目楓が紅葉のトンネルとなり参道を埋めつくす。
住 丹波市青垣町桧倉514
入山料大人300円、中学生以下100円
※紅葉の季節のみ
あおがき観光案内所
[MAP] P88 A-1 →P16にも関連記事

2 たっしんじ 達身寺
ノムラモミジとドウダンツツジが、寺の裏山を深いワインカラーに染める。
住 丹波市氷上町清住259
拝観料大人400円、中学生以下無料
あおがき観光案内所
[MAP] P88 A-2 →P17にも関連記事

3 がんりゅうじ 岩瀧寺
独鈷の滝へと続く渓谷や参道に鮮やかな紅葉が咲き誇る。
住 丹波市氷上町香良613-4
入山料200円※紅葉の季節のみ
あおがき観光案内所
[MAP] P88 B-2 →P19、125にも関連記事

4 えにちじ 慧日寺
見るポイントごとに表情を変える紅葉と出会える。その光景はまるで絵画のよう。
住 丹波市山南町太田127-1
要志納金 かいばら観光案内所
[MAP] P88 B-4 →P18、103にも関連記事

5 えんつうじ 円通寺
足利義満が創建した由緒ある寺。広い境内を紅葉とドウダンツツジが色鮮やかに覆い尽くす姿が美しい。
住 丹波市氷上町卸油983
入山料大人300円、小人無料
※紅葉の季節のみ
あおがき観光案内所
[MAP] P88 A-2 →P19にも関連記事

6 こうさんじ 高山寺
朱塗りの山門から続く石灯篭の参道。美しい紅葉に日本の秋を感じる。
住 丹波市氷上町常楽50-1
護持保全金200円 あおがき観光案内所
[MAP] P88 B-2 →P19にも関連記事

7 びゃくごうじ 白毫寺
紅葉を映す池はライトアップでさらに幻想的に。
住 丹波市市島町白毫寺709
入山料大人300円、高校生以下無料
かすが観光案内所
[MAP] P88 B-2 →P18、125にも関連記事

8 せきがんじ 石龕寺
ひょうご風景100選に選ばれた景観が見事。もみじ祭りでは地元の人々が鎧に身を包み練り歩く武者行列が行われる。
住 丹波市山南町岩屋2
入山料大人300円、中・高生100円、小学生以下無料
※紅葉の季節のみ
かいばら観光案内所
[MAP] P88 A-4

9 こにやかんのん 小新屋観音
境内を流れる清流と燃えるような紅葉を楽しめる名所。2016年11月13日が33年に1度の本尊開帳。
住 丹波市山南町小新屋688 無料
かいばら観光案内所
[MAP] P88 A-4

あおがき観光案内所
☎ 0795-87-2222 火曜
いちじま観光案内所
☎ 0795-85-6880 火曜
かいばら観光案内所
☎ 0795-73-0303

八上城跡

歴史ものがたり
織田信長と丹波の戦国武将

「織田信長」誰もが知る有名な戦国時代の武将です。その織田信長が丹波と関わりがあったということをご存知でしょうか。
織田信長は名古屋を皮切りに畿内(京都周辺)を治めると、中国地方を攻め取るため、丹波平定戦と呼ばれる大戦(おおいくさ)を仕掛けます。
これが、織田信長と丹波の戦国武将との命をかけた攻防の始まりでした。

〈文〉歴史発掘堂　大西淳浩　〈空撮写真〉木下武

織田信長の上洛から始まった

織田信長が丹波攻めを命じたのは、天正3年(1575)、41歳の頃です。

当時の室町幕府は足利家が将軍として天下を治めていましたが、13代将軍の義輝(※1)が暗殺され、14代の義栄(※2)は京都に入ることもできず、幕府の弱体化が進み、権力の空白が生まれていました。

日本各地の有力な武将たちは幕府の混乱に乗じて、守護と呼ばれる各地域の支配者から離反し、下のものが上のものに打ち勝つ下剋上が横行しました。

織田信長も下剋上を仕掛けた一人で、尾張(愛知)から始まり、美濃(岐阜)や近江(滋賀)などを攻めて領地を拡大させていました。

やがて、織田信長は新たな将軍として足利義昭を奉じ、遂に上洛を果たします。当時の京の都には朝廷があり、信長の上洛は朝廷と幕府を掌握し、武力で日本を支配することを意味していました。

しかし、まだまだ群雄割拠の戦国時代。越後の上杉、甲斐の武田、出羽の伊達、土佐の長曾我部、薩摩の島津、安芸の毛利など、有力な戦国大名が各地に存在していました。

当時の丹波には『丹波の赤鬼』の異名を持つ猛将の赤井直正(※3)(丹波市)、波多野秀治(篠山市)などの有力な戦国武将がおり、赤井直正は黒井城(丹波市春日町:猪ノ口山)、波多野秀治は八上城(篠山市八上内:高城山)に巨大な山城を構え、あたり一帯を治めていました。

八上城跡と旧城下町

丹波は京の都に近く近衛家などの公家とも繋がりが深かったため、尾張（愛知）の織田信長を見下す風潮がありましたが、飛ぶ鳥を落とす勢いの織田信長の権勢には勝てず、所領安堵のため、織田信長への臣従を誓うことを余儀なくされました。

ところが、織田信長はみずから室町幕府の15代将軍に据えた足利義昭を京の都から追放してしまいます。これに室町幕府の体制維持を望んでいた丹波の武将たちは驚き、織田信長への対抗心を鮮明にしました。

赤井・波多野が織田軍を破る

まず、黒井城を本拠にする赤井直正が、織田信長に反旗を翻しました。赤井直正は、中国地方を治めていた毛利と甲斐の武田、当時織田信長と争っていた本願寺などと連携し、織田家の来襲に備えて黒井城に立て籠もります。

そして天正3年（1575）11月、ついに、織田信長の命を受けた明智光秀が丹波にやってきました。

波多野秀治は織田軍に臣従し赤井直正が籠る黒井城に迫りました。

天正4年（1576）1月、いよいよ決戦が近づきます。百戦錬磨の織田軍の主将明智光秀は一気に勝負を決するつもりで息巻いていました。

ところが、ここで思いがけない事件が起こりました。

それに呼応して黒井城からも赤井の軍勢が城から出て織田軍に突入しました。赤井直正が籠城して織田軍を引き付け、背後から波多野秀治が襲いかかる、赤井の「呼び込み戦法」です。これにはさすがの明智光秀も虚をつかれて総崩れとなり、命からがら京方面へ逃げ出しました。

ほかにも逸話が残されています。

戦の最中に織田軍の使者として黒井城に入り、猛将赤井直正を前に堂々と開城を迫った脇坂安治（※5）。この若武者ぶりを賞賛した赤井直正が、家宝の「貂（テン）の皮」（※6）を送ったというもの。この話は作家の司馬遼太郎が小説「貂の皮」として発表しています。

再び丹波へ攻め入る織田軍、そして落城

赤井・波多野の丹波軍は織田信長に勝ちましたが、その後に悲報が入ります。リーダー格の赤井直正が病にかかり亡くなったのです。

これは、織田信長にとって絶好の機会となりました。

黒井城跡

黒井城跡と旧城下町

戦上手で人望もある赤井直正がいなくなれば恐れるものなしと、明智光秀に二度目の丹波平定戦を命じます。

天正6年（1578）10月、織田軍は、裏切った波多野秀治が籠城する八上城を二重、三重の柵を張り巡らし包囲しました。人の入る隙間もないぐらいに囲んだものの、なかなか城は落ちません。地元の伝承では周辺の寺院が、籠城する八上城に食料を運びこんだと伝えられており、織田軍は近隣の丹波の寺院を焼き討ちしました。今も、丹波の寺院にはその時の逸話が数多く残されています。

織田軍は一度目の失敗があるだけに、二度目の戦はじっくりと時間をかけて八上城を攻めたてました。

しかし、波多野秀治が籠る八上城は、なかなか落とせず、明智光秀の心中は穏やかではありません。籠城も数年が立ち、さすがに八上城内でも疲弊の色が濃くなりはじめた頃、明智光秀は、波多野側に和睦を持ちかけ、受け入れた城主の波多野秀治は織田信長に会うために安土に向かいます。

ところが織田信長は、安土についていた波多野秀治に会う事もなく、いきなり処刑を命じました。波多野秀治は安土の地に露と消えたのです。八上城では織田信長憎し

と、波多野秀治の弟らが抵抗を続けますが、やがて落城します。

織田軍は勢いに乗ってふたたび黒井城に向かいます。黒井城では亡くなった赤井直正の弟、赤井幸家、直正の息子、赤井直義、甥の忠家らが城に籠り抵抗を続けますが、織

| 織田家家紋 | 波多野家家紋 | 赤井家家紋 |

歴史ものがたり　織田信長と丹波の戦国武将

田軍の猛攻に耐えきれず落城しました。

黒井城落城の混乱の中、赤井直義らは生き延び、その子孫は伊賀上野（三重県伊賀市）で藤堂家の家来になり家は栄えました。当時の屋敷は現在も伊賀市に残り、登録有形文化財「赤井家住宅」として公開されています。

丹波は織田信長から戦の功績として主将の明智光秀に分け与えられました。明智光秀の客将、斉藤利光は丹波の黒井城に居住し、そこで娘の福が生まれます。福は後に徳川の時代に大奥で権勢をふるった春日局（かすがのつぼね）です。地元では福の名前は、黒井城のある春日町から付けたと伝えています。

八上城、黒井城の落城からわずか三年後、織田信長は、京の本能寺で家臣の明智光秀に討たれました。
丹波平定戦の心理的な苦労が「本能寺の変」の遠因とも言われています。

丹波の歴史が、日本の歴史に大きく関わっていることをご紹介しました。丹波の歴史に思いを馳せ、復興した数々の名刹、地元の人々が大切に守る城跡群など、丹波の史跡巡りを、ぜひ楽しんでいただきたいと思います。

参考資料：「丹波戦国史」より、織田軍に対峙した黒井城の支城群

八上城にまつわる逸話

【磔の松（はりつけのまつ）】

織田信長は八上城が落ちないことに腹をたて、明智光秀の母を八上城に人質に差し出すかわりに、和議を結ぶと言う虚偽の条件を提案しました。

一年半にも及ぶ籠城で疲弊していた波多野秀治は、その話を受諾し、城を出、安土までやってきたところを捕えられ処刑されてしまいました。処刑を知った城兵たちは、光秀の母を松の木に磔にして殺してしまいました。その松の跡は今も残っています。母を人質にするよう命じた信長に対する光秀の恨みが、本能寺の変の一因であったとも伝えられています。

【朝路池（あさじいけ）】

波多野秀治には朝路姫という美しい姫がいました。落城の際に父や叔父の死を悲しみ、世をはかなんで老女と手を取り合って城中の池に身を投げたということです。現在も池の跡が残っています。

注釈
- （※1）足利義輝：室町幕府第13代征夷大将軍　永禄8年（1565）5月19日二条御所にて松永久秀・三好三人衆に暗殺される
- （※2）足利義栄：義輝亡きあと14代征夷大将軍　阿波（徳島）に居り、松永久秀・三好三人衆に操られた傀儡将軍　京の都に入ることは一度もなかった
- （※3）赤井直正：正式には荻野直正／赤井時家の次男に生まれ荻野家に養子として入るが、実家の赤井家を支え続けた事から、地元では赤井直正と呼ばれている。
- （※4）波多野秀治：八上城主　波多野晴道の子　丹波の有力武将の一人　安土にて織田信長に処刑される
- （※5）脇坂安治：賤ヶ岳七本槍の一人　後の龍野藩初代　豪勇で知られる
- （※6）「貂の皮」：赤井家の家宝と呼ばれる、赤井直正から脇坂家へ引き継がれる　現在は龍野神社にて所蔵【非公開】

いやしの旅、くつろぎの時間

兵庫県の中央部にある篠山市。播州から、丹後から、京阪神から、日帰りでも行きやすい場所。おいしい料理はもちろん、温泉につかったり、泊まってゆっくり地元の料理と地酒を堪能したり、リラックスした時間をすごそう。

美しい山々を望む露天風呂

▼メニュー
入湯料／大人（12歳以上）700円、小人（6〜11歳）300円、5歳以下無料

温泉・露天風呂・食事・土産・野菜市

丹波焼を使った陶板風呂と丹波石岩風呂

静かな山里「今田町」に湧き出た、豊富な湯量のかけ流し温泉。陶芸の里でもある今田の丹波焼のタイルをつかった大浴場「丹波焼陶板風呂」と、特産の丹波石を使った「丹波石岩風呂」、さらに広い露天風呂で日帰り温泉が楽しめる。また、農産物直売所、レストランや軽食なども充実した人気のスポットだ。

豊富な湯量のぜいたくなかけ流し温泉（岩風呂）

こんだやくしおんせん　ぬくもりのさと
こんだ薬師温泉 ぬくもりの郷
☎079-590-3377　篠山市今田町今田新田21-10　営10:00〜22:00（21:30受付終了）　休火曜（祝日は営業）　Pあり
[MAP] P37 A-3 →P73にも関連記事　http://yume-konda.com/

ほどよい熱さのお湯が心地よい

温泉・露天風呂・食事・土産

城下町のホテルに泊まってゆっくり露天風呂

妻入商家群の風情ある町並みを見下ろす王地山にあるホテル。近くを散策するもよし、勝負事の神様として知られている「まけきらい稲荷」におまいりするもよし、旅時間を楽しんだあとは、ホテルでゆっくりしよう。レストラン花車では、旬の食材を生かした会席料理やぼたん鍋など、和食を中心に豪華な食事がいただける。

おうじやまこうえん　ささやまそう
王地山公園 ささやま荘
☎079-552-1127　篠山市河原町474　Pあり
[MAP] P36 F-3→P7にも関連記事
http://www.sasayamaso.com/

▼メニュー
●宿泊（和室1泊2食付、4名1室）
ひとり10,800円〜
●チェックイン15:00、
チェックアウト10:00
※一部屋の利用人数、季節、曜日によって料金変更あり。詳細は問合せを

[日帰り温泉]
大人600円、小人（6〜11歳）300円
時間/11:00〜22:00

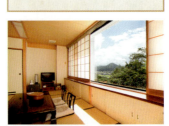
和室、洋室ともにWi-Fiが使えて便利

JR篠山口駅から徒歩5分、丹南篠山口ICより車で1分の便利さ

メニュー
ルームチャージ1泊5,300円〜
朝食バイキング付プラン　6,100円〜
チェックイン15:00、チェックアウト10:00

ビジネスホテル・食事・コンビニ

JR篠山口駅から徒歩圏内、インターからも近い快適なホテル

　篠山で唯一のビジネスホテルとして、観光はもちろんビジネスユースも多い。各部屋にインターネット環境が整い、ロビーにはパソコンコーナーもある。敷地内に5軒の飲食店とコンビニがあるのがとても便利。朝食はヘルシーな野菜たっぷりのバイキング。ディナーはレストランや居酒屋でお好みのものを。深夜でも食事ができるのは忙しい人に便利。

ささやまホロンピアホテル

☎079-594-2611　篠山市中野76-4　Pあり
[MAP] P37 B-3　→P60にも関連記事
http://www.holonpia.com/

【施設内飲食店】
旨いもん屋さんでー　TEL.079-594-2611
茶房&ギャラリー花ぶどう　TEL.079-594-3111
魚菜うえばら　TEL.079-594-2611
ファミリーダイニングパラパラ　TEL.079-590-1333
ごちそう家はなぱら　TEL.079-590-1187

機能的なホテルで快適な旅を　　女性にもやさしいアメニティ

温泉・露天風呂・食事・土産・アスレチック

連泊したくなる快適な森のリゾート

　森と湖の美しいロケーションでゆっくりリゾートを楽しめる。広大な森には、釣り堀、テニスコート、パターゴルフ、本格的なフィールドアスレチックなど、アクティブな設備があり、野鳥や昆虫、植物といった自然観察もできる。バンガローでキャンプをするもよし、ホテル「レイクプラザ」で優雅に過ごすのもいい。レストランでは丹波の味を満喫、温泉では露天風呂でのんびりと、連泊してバカンス気分を味わいたい近場の施設だ。

ユニトピアささやま

☎079-552-5222　篠山市矢代231-1　Pあり
[MAP] P35 C-3　→P9、64、115にも関連記事
http://unitopia-sasayama.pgu.or.jp/

森、芝生広場、並木道、自然に包まれる心地よさを体感できる

湖が見渡せる開放的な露天風呂

メニュー
●ホタル観察会、昆虫勉強会、子ども森の体験キャンプなど親子で楽しめるプログラム多数。
●ゴルフパック（1泊3食1Play）
17,870円〜28,290円
●黒枝豆狩り（10月〜11月初旬）、芋掘り（9月中旬〜11月初旬）
<料金>
宿泊（レイクプラザ）…12,960円〜
（1泊2食付、4名1室一人分）
憩いの家／別荘…15,120円（5〜7名1室一人分）
バンガロー1棟…4,320円〜
チェックイン14:00、チェックアウト10:00
◎宿泊者は温泉無料
入場料…大人300円、小人（5歳〜小6）200円

天然鉱石がもつ大地のパワーでリラックス

関西初!天然鉱石を壁に練り込んだホルミスルーム

純ひのき漢方浴

ほっと・アルジェ

ランチとセットになった「あったかプラン」で優雅なひとときを

壁の中に8種類の天然鉱石を埋め込み、壁土にも混ぜ込んで作り上げた「癒やしの空間」ホルミスルーム。微量低放射線療法で体にプラスになる刺激を与え、免疫力や自然治癒力の向上が期待できます。服を着たまま静かに過ごすだけで身体の中から温まり、マイナスイオンや遠赤外線効果で肩こりなどもすっきり。他にも玉川温泉の岩盤浴や純ひのき漢方浴などのリラックスプランがそろい、隣接する自然派レストラン「愛食」のランチと組み合わせたお得なセットメニューもあります。

玉川温泉岩盤浴

MENU

ホルミスルーム おためし 540円	玉川温泉岩盤浴 (ゲルマニウム手足浴付) おためし 1,620円	純ひのき漢方浴 おためし 1,080円
60分 1,080円	60分 2,160円	30分 2,160円

☆あったかプラン 2,160円（ホルミスルーム 60分＋岩盤浴または漢方浴）

健康的な美しさと身体は食事から

彩食健美 愛食

調味料まで吟味し、手間をかけた料理

身土不二をモットーに酵素栄養学を取り入れた料理、野菜の旨みを引き出す重ね煮調理など、食材の栄養をまるごといただく創作料理が味わえます。靴を脱いで上がる和の空間で、心と身体をゆっくりと解きほぐし心地よいひとときをお楽しみください。

MENU
ランチ 1,404円（+432円でデザート＆ドリンク付）
デザートセット 594円 ほか

癒やしのスペースで身体の中から美しく健康に

壁の中に8種類の天然鉱石を埋め込んだ「癒しの空間」ホルミスルーム。服を着たまま静かに過ごすだけで、身体の芯から温まってマイナスイオンや遠赤外線効果も期待できます。他にも玉川温泉の岩盤浴や、純ひのき漢方浴などのリラックスメニューをそろえています。

ほっと・アルジェの
あったかプラン
＋
彩食健美
愛食ランチ
（コーヒー・デザート付）
3,780円

ほっと・アルジェ
tel. 079-594-5015
篠山市味間南1007-1-1
10:00～18:00 要予約
なし（12月～3月は月曜） あり [MAP] P35 B-3
http://manashoku.com

彩食健美 愛食 (さいしょくけんび まなしょく)
tel. 079-594-5012
篠山市味間南1007-1-1
11:00～16:30 [ランチ] 11:00～14:30
[カフェ] 14:30～16:30 ディナーは要予約（金・土・日曜17:30～22:00）
なし（12月～3月は月曜） あり [MAP] P35 B-3

丹南篠山口ICより車で1分
味間小学校前

AREA GUIDE

丹波市エリア
TAMBA

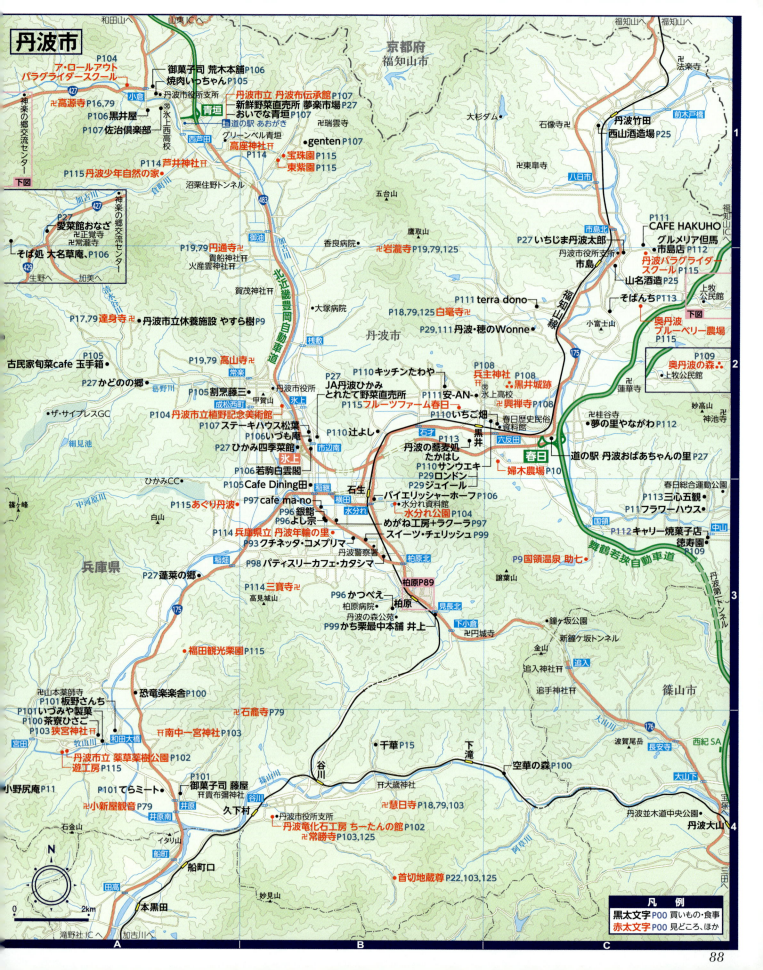

柏原 Kaibara

鉄道ファンにも人気の駅舎

レトロモダンな駅舎に注目

　個性的な形の駅舎は、1990（平成2）年、大阪・鶴見緑地で開催された「国際花と緑の博覧会」のSL義経ドリームエキスプレス山の駅として使われていたものを移築した。全ての特急列車が停車する、丹波観光の玄関口といえる駅である。駅舎内にはお土産ショップやレストラン山の駅があり、猪肉を長時間煮込んだチャーシュー入り丹波猪ラーメン、丹波栗きん豚の丼など、気軽なメニューが好評だ。

じぇいあーるかいばらえき
JR柏原駅　見どころ

丹波市柏原町柏原字松ヶ端1172-1
あり　[MAP] P89 A-2

街のシンボルとして親しまれている「柏原の大ケヤキ」

大ケヤキの根が川をまたいで橋梁に

　丹波市役所柏原支所の隣にある幅6mの奥村川をまたいだ根が、自然の橋を形作っている丹波市内最大のケヤキ。幹周りは8m、高さは21mもあり、樹齢1000年と推定される。兵庫県の天然記念物に指定されている。

きのねばし
木の根橋　見どころ

0795-73-0303（かいばら観光案内所）　丹波市柏原町柏原3625　[MAP] P89 B-1

堂々とした門構えの長屋門。明治以降は小学校として使用されていた

柏原藩2万石の居館として
使用されていた陣屋遺構

　1695(元禄8)年、大和宇陀から柏原へ国替になった織田信休が、幕府から許可を得て、1714(正徳4)年に造営した柏原藩主織田家の邸宅跡。陣屋の表御門にあたる大きな長屋門は、陣屋創建当時の姿のまま残されている。陣屋は1818(文政元)年に焼失したが、1820(文政3)年に再建された。一般公開されている表御殿は再建当時の姿を残しており、国指定の史跡だ。中をゆっくり見てまわろう。

かいばらはんじんやあととながやもん
柏原藩陣屋跡と長屋門　見どころ

0795-73-0177（丹波市立柏原歴史民俗資料館）　丹波市柏原町柏原683　9:00～17:00（最終入館16:30）　月曜（祝日は営業、翌日休）　大人200円、中学生100円、小学生50円（柏原歴史民俗資料館の入館券と共通）　なし　[MAP] P89 B-1

石段をのぼるごとに
心が洗われるよう

　1024(万寿元)年に京都・石清水八幡宮より勧請し、丹波国「柏原別宮」として創建。本殿裏に三重塔がある神仏習合時代の名残をとどめる歴史的建造物である。神社境内に塔があるのは非常にめずらしく、兵庫県指定重要文化財となっている。また、境内摂社に厄除・住吉・春日・香良・八坂・西宮の諸社が祀られており、なかでも厄除神社は「丹波柏原の厄神さん」として有名。戦乱で2度焼失した後、1585(天正13)年、羽柴秀吉によって現在の社殿が造営され、桃山時代の様式が取り入れられているのも見どころの一つだ。

かいばらはちまんぐう
柏原八幡宮　 寺社

☎0795-72-0156　🏠丹波市柏原町柏原3625
🕘9:00～17:00　Pあり
[MAP] P89 B-1　→P19、114、125にも関連記事

本殿と拝殿が繋がった複合社殿が特長で、国宝に指定されている

民衆の厚い信仰を受けた
「織田権現」

　柏原藩三代目藩主であった織田信勝を祀る神社。8歳で藩主となった信勝だが、1650（慶安3）年に28歳で死去。跡継ぎがなかったため、お家断絶となってしまった。後に「織田権現」とも呼ばれ、織田家の庇護と町の人々からの厚い信仰を受ける存在に。

おだじんじゃ
織田神社　 寺社

☎0795-73-0303(かいばら観光案内所)
🏠丹波市柏原町柏原3625-1　[MAP] P89 B-1

信勝の死後は旧居館跡に創建され、柏原町東奥大谷を経て現在地に移された

柏原 Kaibara

JR柏原駅前のランドマーク

現存する織田家柏原藩の遺構の太鼓櫓を模した「時の太鼓櫓」のほか、駐車場、トイレなどがある。

やぐらこうえんとときのたいこやぐら
やぐら公園と時の太鼓櫓 見どころ
☎ 0795-73-0303（かいばら観光案内所）
🏠 篠山市柏原町柏原 JR柏原駅前
[MAP] P89 B-2

柏原藩の藩政、城下町の姿を知る

柏原藩主・織田家伝来の武具や藩政日記などの文書類、絵図等々の貴重な資料を収集展示。常設展は「柏原藩陣屋跡」「柏原藩主織田家の人々」「支配機構と経済基盤」「教育と理念」「城下の賑わい」といった、5つのテーマで構成されている。

たんばしりつかいばられきしみんぞくしりょうかん
丹波市立柏原歴史民俗資料館 見どころ
☎ 0795-73-0177　🏠 丹波市柏原町柏原672　⏰ 9:00～17:00（最終受付16:30）
休 月曜（祝日の場合営業、翌日休）　￥ 大人200円、中学生100円、小学生50円（同券で柏原藩陣屋跡にも入場可）　P あり　[MAP] P89 B-2

江戸時代に使用していた太鼓を吊るした櫓

江戸時代に建てられた3階建ての櫓。最上層の楼上に吊るされている「つつじ太鼓」は、1668(寛文8)年に作られたもので、藩主の前任地、奈良県宇陀松山から持参されたという。当時は、藩士の登城や警報などを町の人々に知らせる役割を担っていた。

たいこやぐら
太鼓櫓 見どころ
☎ 0795-73-0303（かいばら観光案内所）　🏠 丹波市柏原町柏原141
P あり　[MAP] P89 A-1

小学校ができてからは、児童の登校合図にも用いられていた

丹波市を代表する女流俳人

江戸時代中期に活躍した丹波市柏原出身の女流俳人、田ステ女。6歳の時に詠んだとされる「雪の朝　二の字二の字　下駄のあと」という句で知られ、元禄の四俳女の一人に数えられる。1997(平成9)年、丹波市立柏原歴史民俗資料館の隣に記念館が増設された。

でんすてじょきねんかん
田ステ女記念館 見どころ
☎ 0795-73-0177（丹波市立柏原歴史民俗資料館）
🏠 丹波市柏原町柏原672　⏰ 9:00～17:00（最終受付16:30）　休 月曜（祝日は営業、翌日休）
￥ 大人200円、中学生100円、小学生50円（同券で柏原藩陣屋跡にも入場可）　P あり
[MAP] P89 B-2

柏原の彫刻家・初代磯尾柏里氏による田ステ女の石像

観光やイベントの情報を入手

すぐに使える丹波市内の観光パンフレットが入手できるほか、地元の名産品を紹介するコーナーもある便利なスポット。土産物コーナーで買い物をすることもできる。

木の根橋のすぐ横で迷わない

かいばらかんこうあんないしょ
かいばら観光案内所 見どころ
☎ 0795-73-0303　🏠 丹波市柏原町柏原3625　⏰ 9:30～16:30　休 なし　P あり
[MAP] P89 B-1

便利な駅近で味わう 柏原グルメ

ランチのル・クロコースは全4品。この日のデザートは、丹波栗がまるごと1つ入った濃厚なクレームブリュレ

明治期の洋風建築「たんば黎明館」で食べる和風フレンチ

リニューアルオープンした「たんば黎明館」に「卒業生に来てもらいやすく、かつ特別感のある店を」と白羽の矢がたったのが、大阪・心斎橋に本店をもつル・クロ。店内は畳敷きで、お箸も用意。子どもからお年寄りまで楽しめる和風フレンチを提供している。ル・クロコースの前菜は、雲丹のムースなどお重に入った6種類の盛り合わせ。メインの鴨もも肉のコンフィは、にんにくやタイム、塩コショウで下味をつけて1日おき、肉汁が逃げないよう低温調理でじっくり火をとおす。料理も建物も、和と洋が違和感なくあわさり、非日常で特別な時間が過ごせる。

畳敷きの店内には靴を脱いであがる。半個室のように仕切られているので、ゆっくりくつろげる

る・くろたんばてい
ル・クロ丹波邸 フレンチ

[昼]プティコース1,944円、ル・クロコース2,808円、ランチスペシャルコース5,184円
[夜]プティコース4,212円〜、シェフスペシャルコース7,020円
☎0795-73-0096　丹波市柏原町柏原688-3　11:30〜15:00（LO14:00）、17:30〜22:30（LO21:30）　休水曜　Pあり　[MAP] P89 B-1

赤ちゃんをおぶって仕事をしている夫婦スタッフの姿があるのも、おおらかなこの地域ならでは。親しみやすくて元気なメンバーが勢ぞろい

堂々とした雰囲気かつ、クリーム色の外壁は華やかさを感じさせる

1885（明治18）年に建てられた洋風建築で、小学校や女学校の校舎として使用され、今は県の有形文化財に指定されている。2015（平成27）年に創建当時の姿をほぼそのまま残して改修、レストランやライブラリーカフェが入る「たんば黎明館」として生まれ変わった。会議やイベント、ウエディングなどに使用できる多目的ホールもある。

たんばれいめいかん
たんば黎明館 見どころ

☎0795-73-3800　丹波市柏原町柏原688-3　9:00〜22:00
休水曜　Pあり　[MAP] P89 B-1

KAIBARA GOURMET

季節の素材をふんだんに使った竹ランチ。和さびランチは刺身が加わる

武家屋敷だった建物は重厚な雰囲気。広々とした店内で、ゆったりと食事が楽しめる

季節の素材と楽しむ
香り高いそば

　150年以上前の武家屋敷をリノベーションした風情のある店構えが目をひく。和食の道で長いキャリアをもつ店主が腕をふるう料理に、遠方から足を運ぶお客さんも多い。蕎麦の産地は福井中心で、越前そばの二八。細めに打ち、のど越しのよい食感と香りを楽しむ。竹ランチは、前菜9種盛りから始まり、季節の野菜を使った天ぷらや鯖寿司などが並ぶ。締め方と塩加減にこだわった鯖寿司は、朝締めで生に近い状態を厚く切ったしめ鯖。夜はコースや会席、鍋料理もある。昼・夜とも、予約が確実。

そばとりょうり わさび
蕎麦と料理 和さび 〈麺〉

¥ 和さびランチ3,000円、竹ランチ2,500円、花ランチ1,800円
☎ 0795-72-0028　丹波市柏原町柏原574-2　11:00～14:30、17:00～20:30(LO) ※売切れ次第閉店　休 火曜　P あり　[MAP] P89 B-2

カジュアルな店内で本格イタリアンを

　キッチンと席の距離が近く、アットホームな雰囲気の中、日本的にならないように食材を選ぶなど正統派イタリアンを貫く。牛肉のタリアータはレモンとオリーブオイルで仕上げたシンプルな伝統料理。イタリア産のハウスワインはもちろん、スッキリとしたイタリアビールとも相性抜群だ。

クチネッタ・コメプリマ 〈イタリアン〉

¥ ランチ1,026円、パスタ1,080円～、ハウスワイン380円～、イタリアビール594円
☎ 0795-72-5540　丹波市柏原町南多田200-1　11:30～14:00、17:30～21:00　休 月曜(祝日は営業、翌日休)、月1回日曜、ほか催事のため臨時休業あり　P あり　[MAP] P88 B-3

牛肉のタリアータ

柏原駅が目の前でとっても便利
多彩なメニューが楽しめる

ふわとろ卵とソースがポイントのオムライス

　金岡慶一シェフが作るオムライスは、チキンライスの上にふわふわの卵、そして1週間かけて作る牛すじベースのデミグラスソースが味をきりっと引き締める。話題の豚肉、丹波栗きん豚のグリルには玉ネギの甘さが生きた酸味のあるさわやかなソース。独立前はホテルでフランス料理のソースの担当だったと聞いて納得の味だ。ランチタイムはお得なセットメニューが楽しめ、ディナータイムは単品だが駅前なのでお酒を飲んでも電車やタクシーで帰れる。

さっぱりソースで豚の旨みが生きる、丹波栗きん豚のグリル

きっちん しふぉん
キッチン Chiffon 〈洋食〉

¥ 丹波栗きん豚のグリルランチセット1,380円、オムライスランチセット1,100円、ふわふわパンケーキ780円
☎ 0795-73-1007　丹波市柏原町柏原181-8 ガーデン栢2F
11:30～22:00 (21:00LO) ランチタイムは14時まで　休 水曜　P あり
[MAP] P89 A-2

かやぶき屋根の建物は、天井が高くて開放的。手入れされた庭から爽やかな風が吹き込む

店長の田儀賢司さん。出身は大阪で、こちらに来て丹波の雰囲気にすっかり惚れ込んだそう

豆果

かやぶき

三田の日向牧場の手作りモッツァレラチーズを使ったマルゲリータ。もっちりとした生地のおいしさがストレートに伝わる一品

丹波スイーツと薪窯ピッツァの両方が楽しめる

　1912（大正元）年から続く大阪・八尾のお菓子屋さんが、築150年のかやぶき民家を移築してオープン。お菓子の販売スペースと、薪窯で焼くピッツァや丹波野菜が食べられるカフェスペースを設けた。代表商品の「豆果」は、丹波の煎り黒豆をキャラメルと練りあわせ、サブレ生地で挟んだ菓子。外はザクッ、中はなめらかな食感のコラボレーションが美味。カフェスペースでも注文できる「かやぶき」は自社農園の丹波栗を使った贅沢なモンブラン。メレンゲに玄米パフを練りこんで作るサクサクの土台と、ふわふわのクリームが絶妙なバランスだ。里山をイメージした庭園を眺めながらカフェでくつろぎ、お土産も買って帰れる便利なスポットだ。

なかじまたいしょうどう たんばほんてん

中島大祥堂 丹波本店　イタリアン スイーツ 買い物

豆果（5個入り）810円、かやぶき810円、マルゲリータ1,296円
0795-73-0160　丹波市柏原町柏原448　平日／（カフェ／販売）11:00～17:00（15:30ピッツァLO、16:30LO）　土日・祝日／（販売）10:00～17:30（カフェ）11:00～17:30（17:00LO）　水曜　あり　[MAP] P89 B-1

94

KAIBARA GOURMET

もみじ御膳は丸三段弁当に吸い物が付く。ほかに茶碗むし、天ぷら、デザートなどを追加できる

創業約150年の料亭の味をお手軽に

　創業約150年の老舗料亭「三友楼」に併設する和風レストラン。四季折々の地元の食材を使った懐石や鍋のほか、1,300円～3,000円で6種類の御膳を用意。厨房は料亭と同じなので、素材も味付けも同じもの。リラックスできる堀りごたつ席で、本格的な料亭の味を楽しもう。

さんゆうろう れすとらんしきさい
三友楼 レストラン四季彩 〈和食〉

- ¥ もみじ御膳1,300円、けやき御膳1,620円、かえで御膳2,160円
- ☎ 0795-72-1111　住 丹波市柏原町柏原20　営 11:30～14:30（13:30LO）、17:00～22:00（20:30LO）　休 不定休　P あり　[MAP] P89 B-1

無鹿コースは前菜盛り合わせ、メイン、有機野菜のスープなど全6品

全国でも珍しい鹿料理専門店

　丹波鹿と旬の有機野菜を使った料理が堪能できるジビエ料理の専門店。どんぐりや草の芽を食べて育つ野生の丹波鹿は、臭みがなくやわらかな肉質が特長。淡白ながらまったりとしたコクのある上品な味わいだ。レトロモダンな空間で、時の流れを忘れて贅沢な時間を過ごそう。

レトロモダンな店内。中庭の景色に心癒やされる

むじか
無鹿 〈その他〉

- ¥ 無鹿コース2,808円、森の恵みコース3,780円
- ☎ 0795-73-0200　住 丹波市柏原町柏原659　営 11:30～15:00（14:30LO）、18:00～22:00（21:30LO）　休 水曜　P あり　[MAP] P89 B-2

「かいばら小町」「きのね」「丹波」などお土産にもぴったり

心ときめく
ムレスナティー専門店

　ティーバッグを中心にムレスナティーが約130種類。柏原の町花であるバラがベースの「ロマン柏原」や、丹波市の花・カタクリの花言葉から名付けられた甘い香りが漂う「初恋」など、地域に縁のあるオリジナルブレンドはオーナーが自ら考案したもの。購入のみでも気軽に立ち寄れる。

ほのらとか てぃーるーむ
HONORATKA TEA ROOM 〈カフェ 買い物〉

- ¥ 紅茶616円～、MORE TEA LUNCH（ホットサンド、ワッフル、ティーフリー）2,500円
- ☎ 0795-72-0017　住 丹波市柏原町柏原145　営 11:00～18:00　休 水・木曜　P あり　[MAP] P89 A-1

地元の人がふらりと訪れる
アットホームな食事処

　慌ただしい日のランチ、ゆっくり食べたい夕食、どちらも丁寧な家庭料理で迎えてくれる店。霧が深い柏原で育つ「霧芋」と呼ばれる山芋を使った山かけそばは、甘めのダシがやさしい味。かんぴょう、卵、ほうれん草、高野豆腐のシンプルな巻き寿司も昔ながらの変わらぬ味。

たんばしゅんさい いなかや
丹波旬菜 田舎家 〈和食〉

- ¥ きり芋山かけそば756円（期間限定）、巻き寿司5貫セット1,026円
- ☎ 0795-72-0311　住 丹波市柏原町柏原168-2　営 11:00～14:00、17:30～22:00（21:00LO）　休 日曜　P あり　[MAP] P89 A-1

楽しく飲む 柏原の夜

素材を生かした料理とともに

自家製ローストビーフ

ジビエのプロが料理する郷土の味

　長年、猪や鹿などのジビエを扱ってきた店主。猟師さんに猟の方法を確認して仕入れるなど肉を選ぶ目は確かで、各地からプロの料理人が勉強に来るほど。夏は鹿がおいしく、冬はやっぱり猪。分厚く切った猪肉のぼたん鍋、猪本来の旨みが出るしゃぶしゃぶ、焼き猪などを味わいたい。特に11月～1月上旬の2歳位のオス猪は味わい深いと遠方からも多くの人が訪れる。

かつべえ 〈肉〉

丹波地鶏の刺し身3種盛1,800円、和牛のビビンバ1,200円、ホルモン鍋1,200円、自家製ローストビーフ1,200円
0795-73-0269　丹波市柏原町柏原5264　18:00～22:00　水・日曜（11月～3月の予約は営業）　あり
[MAP] P88 B-3

旬の味を肴にカジュアルに飲める大人の店

　柏原町母坪の飲食店が並ぶエリアに移転して新たなファンが増えているよし宗。両親が作る無農薬野菜を気の利いた創作料理に仕上げていく主人。有名料亭出身というその味は確かで、新鮮な旬の野菜や魚を食べながら、ゆっくりお酒を飲みたい店だ。

よし宗 〈和食〉
よしむね

造り三種盛1,500円、季節のカルパッチョ780円、生ビール500円
0795-73-0667　丹波市柏原町母坪431-1　17:00～10:30（LO）
月曜　あり　[MAP] P88 B-3

丹波で食べる粋な江戸前寿司

　大阪のミナミで修業した店主が、故郷に戻り店を構えて今年で6年。大阪の中央市場と舞鶴港から仕入れる魚は新鮮で種類が多く、まずは造り、そして握りへと進むうちに、丹波の地酒がすすむ。カウンターで江戸前の醍醐味を楽しむもよし、小上がりでグループで味わうもよし、遅い時間からでも訪れる人が絶えない。

銀鮨 〈和食〉
ぎんずし

本日のおすすめにぎり（8貫）1,500円、大あさり焼780円
0795-72-1176　丹波市柏原町母坪429-1　17:00～24:00　月曜　あり
[MAP] P88 B-3

店内のいけすから取り出したばかりの新鮮な魚

口の中でほろりとほどける酢飯とネタがよく合う

KAIBARA GOURMET

丹波のおしゃれなカフェで自分の時間を楽しむ

　カウンターで一人読書、テーブルで仲間とおしゃべり、ときには仕事の打合せをしている人もいる。いろんな人がいて、同じ空間を心地よいと感じている…、そんなカフェがma-no。オーナーの北信也さんが淹れるシングルオリジンコーヒーやスイーツ、パスタがおいしいのはもちろんだが、次々に打ち出すイベントや商品が面白くてつい立ち寄ってしまうのだ。

かふぇ まーの
cafe ma-no 　カフェ、イタリアン、買い物

¥ ma-noのティラミス850円、カプチーノ600円、カルボナーラ1,200円
☎ 0795-71-4110　丹波市柏原町母坪402-1　⏰ 11:00～21:00（20:00LO）、日曜 10:00～19:00（18:00LO）　休 木曜　P あり
[MAP] P88 B-3

マスカルポーネとエスプレッソの味と香りが生きているma-noのティラミス　　まろやかな味がおいしいカプチーノ

眼鏡好き、雑貨好きが集まる眼鏡工房＆ショップ

　オーダーメイド眼鏡とセレクト商品が並ぶ眼鏡専門店。店内にある工房で眼鏡を作る高橋義人さんと植田祐子さんは、眼鏡のまち鯖江で修業をした同志。400種類以上あるイタリア製の眼鏡生地でフレームを作る。同じ素材のグラスピアスやペットをモチーフにしたキーホルダーなどの雑貨も楽しい。

100以上の行程を行うため、制作期間は約1ヵ月

めがねこうぼうぷらすらくーら
めがね工房+ラクーラ 　買い物

¥ 鯖江ブランド15,000円～、オーダー47,000円～、グラスピアス2,500円～
☎ 0795-71-5053　丹波市柏原町田路114-5　⏰ 10:00～19:00　休 水曜　P あり
[MAP] P88 B-3

希少な鯖江ブランド「FaceFonts」「AKITTO」を扱う

おしゃれでぴったりフィットする眼鏡が完成

ゆったり見ることができる広い店内

市野ちさと作、キュートな器

シックな色合いが素敵な柿渋染の風呂敷

洋服や雑貨との出合いを楽しむ大人テイストの店

　フランスで買い付けたジャージワンピースは、きれいなラインで家で洗える優れもの。30代後半から50代の女性が、ラクに着こなせるフリーサイズがそろう。また、柿渋染の風呂敷や、丹波焼の若き作家、市野ちさとの器など、大人目線でセレクトした雑貨を選ぶのも楽しい。

あんてぃーく＆せれくとしょっぷ さんこうどう
アンティーク＆セレクトショップ 三光堂 　買い物

¥ ジャージワンピース17,800円、千代治の靴下540円、柿渋染の風呂敷5,292円、コーヒー200円
☎ 0795-71-1145　丹波市柏原町柏原16 2F　⏰ 10:00～18:00　休 火・水曜
P なし　[MAP] P89 B-1

買って帰ろう、この一品

お土産にもぴったり

一層一層丁寧に焼き上げる

丹波の厳選素材を使った
バウムクーヘン専門店

　丹波米の米粉や丹波の卵、種子島の洗双糖など、厳選した素材から作るバウムクーヘン。中でも「けやき」は、無農薬の自家畑で育てた黒豆のきな粉を生地に練り込み、切り株の形に焼き上げた丹波らしい一品。塩味のチーズバウムや、丹波栗を使った羊羹入りのバウムなど、専門店ならではの珍しいラインナップに胸が高鳴る。

まさゆめさかゆめ　スイーツ

¥ 夢ばあむ1,080円〜、けやき1,080円〜
☎ 0795-71-1265　丹波市柏原町柏原4-2　10:00〜18:00　休 水曜　P あり　[MAP] P89 B-1

食べごたえ満点の丹波黒豆のバウム「けやき」

栗の王様・丹波栗を使った
生スイーツ

　甘さを凝縮した蒸し丹波栗を贅沢に使った、ひんやりスイーツ「トポッシュ」。特製生クリームと、とろとろプリン、なめらかな丹波栗ペーストの3層が一体となり、栗のおいしさが一層ひきたっている。菓子博で農林水産大臣賞を受賞した逸品。

パティスリーカフェ・カタシマ　スイーツ

¥ 丹波栗のトポッシュ（3個入り）1,500円、自然派ロールケーキ 丹波の巻1,080円、丹波黒豆240円、ケーキ各種360円〜
☎ 0795-73-0851　丹波市柏原町柏原3083　9:00〜20:00（ティールーム19:45LO）　休 なし　P あり　[MAP] P88 B-3

幅広い層から愛される手作り豆腐

大豆の味がそのまま生きる、
老舗ならではの豆腐

　江戸時代から160年続く豆腐店。昔ながらの製法で丁寧に作られる豆腐。固さをみながら重石の時間を調節するなど、やわらかすぎない絶妙なバランスは職人の腕の見せどころ。まずは、何もつけずに食べて大豆の濃厚な味わいを感じてほしい。

ほんじょうとうふてん
本庄豆腐店　買い物

¥ もめん・絹ごし豆腐各120円、あげ120円、厚あげ（3個入り）180円
☎ 0795-72-0122　丹波市柏原町柏原167-5　9:00〜19:00　休 日曜　P あり
[MAP] P89 A-1

栗の香りが広がり、やわらかくなめらかな口当たりの「トポッシュ」

98

KAIBARA GOURMET

なめらかでとろける口溶けの氷上ぷりん

バターが香り高い、丹波大納言小豆マドレーヌ

新鮮な牛乳と卵で作る
プリンの濃厚な味がたまらない

　絞りたての牛乳と生みたて卵をたっぷり使ったプリンは、とろける食感のあとに濃厚な味が広がる。ふんわり、しっとりした生地に、地元産の丹波大納言小豆が入った「丹波大納言小豆マドレーヌ」は昔なつかしい味。地元で愛されているやさしい味のお菓子が並ぶ。

スイーツ・チェリッシュ　スイーツ

¥ 氷上ぷりん186円、丹波大納言小豆マドレーヌ260円、半熟チーズ136円
☎ 0795-73-0355　丹波市柏原町南多田472-1　10:00～19:00　火曜　Pあり
[MAP] P88 B-3

サクッ、もちっの新食感。餅あんパイ

　1928（昭和3）年創業。地元で長年愛される理由は、時代のニーズに合わせて新商品を生み出してきたから。「餅あんパイ」は、丹波大納言のつぶあんを餅で包んでからパイで巻く。バターをたっぷり使ったパイのサクサク感と、もっちりした餅の二つの食感が楽しめる。ほかにも、山名酒造「奥丹波」を酒粕と一緒に生地に混ぜ込んだパウンドケーキ「ほろ善丹波」などがある。

いっかきしん　めいせいどう
一菓喜心　明正堂　スイーツ

¥ 餅あんパイ240円、ほろ善丹波（1本）1,600円
☎ 0795-72-0217　丹波市柏原町柏原71　9:00～18:00
火曜　Pあり　[MAP] P89 B-2

餅あんパイ。使用する丹波大納言は、粒が大きく、風味がしっかりしているのが特長

まるごと栗が入った
豪華な最中をお土産に

　ころんとした栗の形も愛らしい名物「かち栗最中」は、大納言小豆のあんに栗の甘露煮をまるまる一粒入れた贅沢な一品。丹波の栗最中の発祥の店とされており、長年のファンも多い逸品だ。

厳選された丹波栗を使用した元祖栗最中

かちぐりもなかほんぽ　いのうえ
かち栗最中本舗　井上　スイーツ

¥ かち栗最中162円、黒南蛮810円
☎ 0795-72-0147　丹波市柏原町北中60-4　9:00～19:30　なし　Pあり
[MAP] P88 B-3

山南 Sannan

盛りだくさんのプレートが初めに登場

栄養満点の黒豆入り酵素玄米の俵むすび

豆乳プリンには甘酒をトッピング

今井真理子女将が書いてくれる文字のファンが多い。着付けや着物リフォームなどのワークショップもある

生命力あふれる素材のおいしさを堪能

3年前に山南町に引っ越して、夫婦2人で無農薬、無肥料の自然栽培で作物を作っている。それまでは西宮市で創作手料理の店を営んでいただけあって、料理のおいしさはピカイチ。まずは豆乳で作るそばごま豆腐、ヨモギや山菜など季節の恵みの和え物などのプレートから。続いて猪肉のコロッケ、塩麹漬け天然魚の焼き物など、素材の旨みを生かしたオリジナル料理に箸が進む。そして、野菜のグリル焼きに極まるシンプルなおいしさは何ものにも代えがたい。季節のものを使うので、料理の内容は日によって変わる。

自家製野菜のグリル焼きは、シンプルに2種類の塩でいただく

くうかのもり
空華の森 〉和食 体験

- ¥ ランチ2,500円（アレルギー対応可）
- ☎ 090-7755-0830
- 🏠 丹波市山南町上滝1031
- 🕐 11:30〜15:00（2名以上で3日前に要予約。月〜木曜、その他時間帯については応相談）
- 休 月〜木曜
- P あり　[MAP] P88 C-4

すっぽん鍋。旨みが凝縮したスープに、地卵で仕上げるシメの雑炊も楽しみだ

コラーゲンたっぷり 山南の天然すっぽんを味わう

日本でも数少ない天然すっぽんの生息地である山南町。店では春先から11月にかけてとれるすっぽんをいけすに放ち、年間を通して提供している。コラーゲンをたっぷり含み、上質な鶏肉のような食感と旨みが特長だ。隣の狭宮神社に湧く宮水を使い、昆布のダシで煮込んだ「まる鍋」のほか、すっぽんの旨煮、肝や白子の刺身が食べられる。

さりょうひさご
茶寮ひさご 〉和食

- ¥ 天然スッポン懐石（雪）12,960円（月）16,200円、美肌コース16,200円※要予約、まる鍋セット（一人鍋・テーブル席のみ）（雪）4,320円（月）7,560円
- ☎ 0795-76-0089
- 🏠 丹波市山南町和田132-1
- 🕐 11:30〜14:30、17:30〜21:30
- 休 月曜（祝日は営業、翌日休）、不定休
- P あり　[MAP] P88 A-4

ボリューム満点のランチ

文化を伝え、観光をサポートする 古民家カフェ

古民家をリノベーションし、恐竜をモチーフにしたおもしろカフェ。土間を板張りにした店内は土足禁止で、冬になるとなんと「こたつ」が現れる。野菜たっぷりのランチはバランスよく、必ず魚が一品入るのもうれしい。おしゃべり好きのマスターが「丹波の良さを伝えたい」と、Iターンならではの視野の広さで、時間の許す限り観光のアドバイスや情報提供をしてくれる、『小さな観光を見つけたい。小さな文化を伝えたい。小さな生き方を作りたい』がモットーの店。

きょうりゅうらくらくしゃ
恐竜楽楽舎 〉カフェ

- ¥ モーニングセット500円、手作りケーキセット600円
- ☎ 0795-76-1535
- 🏠 丹波市山南町草部185-2
- 🕐 9:00〜17:00
- 休 水・木曜、月末（29、30、31日）
- P あり　[MAP] P88 A-3

山南 Sannan

お土産用にも自宅用にもベストな店

スライスした渋皮煮の丹波栗をペースト状にした栗ジャム入りと煮詰めた大粒のブルーベリー入りの「丹波まごころ」。フィナンシェのような生地はバター風味でやさしい味

キンカンの甘露煮と白餡をパイ皮で包んだ「きんかんぼう」

丹波の特産品を使った名物和菓子

1950（昭和25）年創業の和菓子店。創業当時から変わらぬ姿と味を守る栗最中をはじめ、丹波栗やブルーベリーを使った「丹波まごころ」、キンカンの甘露煮をパイ皮で包んだ「きんかんぼう」が人気。下ごしらえから包装まで、すべて手作業で仕上げる。パッケージもかわいい「ちーたん最中」は皮と餡が別々に梱包され、お土産に喜ばれる一品。

おかしつかさ ふじや
御菓子司 藤屋 〔スイーツ〕

- ¥ 丹波まごころ195円、きんかんぼう195円、ちーたん最中175円
- ☎ 0795-77-0146　丹波市山南町井原411　8:00～19:00　火曜　Pあり
- [MAP] P88 A-4

和牛の旨味がぎゅっと閉じ込められたハンバーグ

ジューシーな焼豚

しっとりとしたせんべいに丹波大納言小豆のあんこがたっぷり入った丹焼き

但馬牛100％の
ハンバーグに舌鼓

丹波の山間で専門に育てられた但馬牛を直売するミートショップ。オーダーを受けてからカットするので、店内には陳列ケースがない。コロッケやハンバーグなど、さすが「お肉屋さんの味」だ。

てらミート 〔買い物〕

- ¥ 但馬牛煮込みハンバーグ486円、但馬牛ミートコロッケ216円
- ☎ 0120-09-3158　丹波市山南町奥182-9
- 8:30～19:30　なし　Pあり
- [MAP] P88 A-4

養豚農家だから作れる
最高の焼豚

最高級ランクの丹波産三元豚を秘伝のタレに1週間漬け込み、備長炭のかまどでじっくり蒸し焼きにする。甘辛いタレが染み込んだ焼豚は、やわらかいのにしっかりとした歯ごたえ。アツアツのごはんにピッタリの一品だ。ハーブがきいた「ハー豚（ぶた）」も人気。

いたのさんち
板野さんち 〔買い物〕

- ¥ 焼豚370円（全ての部位）、ロース250円、バラ200円、モモ180円、スペアリブ190円
- ※全て100gの値段、要予約
- ☎ 0795-76-0651　丹波市山南町北和田1064
- 13:00～17:00頃　木曜、不定休　あり
- [MAP] P88 A-4

心を込めて、
手焼きせんべい一筋!

丹波市のマスコットキャラクター、丹波竜のちーたんの焼印入り「ちーたんせんべい」や、薬草入り「不老長寿せんべい」など、ユニークなせんべいは道の駅でもお土産として人気。店舗には工場が併設されており、昔ながらの製法で手作りされるせんべいを直接購入できる。

いづみやせいか
いづみや製菓 〔スイーツ〕

- ¥ 不老長寿せんべい648円、丹波竜せんべい648円、黒大豆せんべい380円、くりせんべい432円
- ☎ 0795-76-0153　丹波市山南町和田190-2
- 8:00～18:00　不定休　Pあり
- [MAP] P88 A-4

丹波竜のちーたん

さわって学べる丹波竜化石工房「ちーたんの館」

約10年前に丹波市山南町で見つかった丹波竜を紹介する「ちーたんの館」が2016（平成28）年春にリニューアルオープン。丹波竜の実物大、全長約15mの全身骨格模型がお目見えし、いっそう楽しめる施設になった。

1億1千万年前の世界がよみがえる

館内には丹波竜のほか、あまり見られないガストニアの全身骨格模型も。また、タッチモニターや恐竜パズルなど、遊びながら丹波竜について学べる仕掛けがいっぱい。子どもから大人まで、見て、触って、楽しみながら学べる体験型施設だ。

たんばりゅうかせきこうぼう　ちーたんのやかた
丹波竜化石工房 ちーたんの館 見どころ

- 大人200円、小・中学生100円
- 0795-77-1887　丹波市山南町谷川1110　10:00〜17:00（11月1日〜3月31日は16:00まで）　月曜（祝日は営業、翌日休）　あり
- [MAP] P88 B-4

丹波竜の学名　*Tambatitanis amicitiae*
タンバティタニス アミキティアエ

「titanis」とはギリシャ神話に由来して「女の巨人」、「amicitiae」はラテン語で「友情」を意味する。

本物の恐竜の化石にさわれるよ！
カマラサウルスの脛骨

当時の発掘現場を再現。その後の発掘でも次々と貴重な化石が見つかっている

発見された丹波竜の化石のレプリカ

恐竜パズルは子どもたちに大人気

漢方と薬草、健康に興味が生まれる公園

江戸時代から薬草栽培が行われてきた山南地域。薬草薬樹公園では、伝統的な薬草をはじめ、漢方で使われている薬草が約300種類植えられている。実・香・美容・ハーブ・花という5つのゾーンに分かれて育てられており、一般に知られていない薬草も多い。館内のお風呂「丹波の湯」には11種類の薬草が独自配合され、生薬のちからをじんわりと感じられる。公園は入園無料。

たんばしりつ　やくそうやくじゅこうえん
丹波市立 薬草薬樹公園 見どころ

- 公園は入園無料、入浴料大人500円、中学生以下300円、6歳未満無料
- 0795-76-2121　丹波市山南町和田338-1　公園9:00〜18:00（11〜3月17:00）入浴10:00〜21:00（最終受付20:30）食事11:00〜20:00（19:30LO）　水曜　あり　[MAP] P88 A-4

不老長寿ゾーンにある噴水

本格的な薬草風呂で疲れた体を再生

山南町のパワースポット

ふだんは静かな山の寺

四季の情趣を感じる山寺

大化年間、法道仙人により七堂伽藍が建てられたのが始まりとされる、桜や紅葉など自然とともに在る美しい寺社。毎年2月11日に行われる追儺行事「鬼こそ」には、法道仙人に扮した子どもと赤鬼・青鬼が登場し、家内安全・無病息災を願う参拝客で賑わう。

じょうしょうじ
常勝寺 〔寺社〕

☎0795-77-0074　丹波市山南町谷川2630　Pあり
[MAP] P88 B-4　→P125にも関連記事

方丈や庫裏など5棟が登録有形文化財に指定されている

山を背にした威厳ある寺院

永和元年（1375）、室町幕府管領・細川頼之が創建、特峯禅師により開山。七堂伽藍ほか、山内に18ヶ寺の塔頭を抱える丹波禅寺の中心として栄えた。今でも檜皮葺きの仏殿や茅葺きの方丈など、その重厚な建造物に圧倒される。人魚の肉を食べ、800年生きたという不老長寿伝説の八髪姫の髪塚もある。

えにちじ
慧日寺 〔寺社〕

☎0795-77-0354　丹波市山南町太田127-1　Pあり
[MAP] P88 B-4　→P18、79にも関連記事

地元でも親しまれる「さみやさん」

宮参りや七五三、初詣など、通称「さみやさん」として広く親しまれる一方、厄除開運や除災招福、疫病や諸々の災いを鎮める神として信仰を集めている神社。本殿は入母屋造り、屋根は桧皮葺きで、背面には木・花・鳥などの彫刻が施されている。

さみやじんじゃ
挟宮神社 〔寺社〕

☎0795-76-0059　丹波市山南町和田138
[MAP] P88 A-4

本殿は1758（宝暦8）年の再建

本殿の前には舞台のようなものが

凛とした神社と鎮座する巨石

両側に榊が植えられた鳥居をくぐり、きれいに掃き清められた境内へ。横に長く伸びた拝殿の両側に磐座が祀られている。さらに奥の山に入ると突如として現れる巨大な自然石が、「聖地」と呼ばれるにふさわしい神秘さと圧倒的な存在感を放っている。

みなみなかいちのみやじんじゃ
南中一宮神社 〔寺社〕

☎0795-73-0303（かいばら観光案内所）　丹波市山南町南中1-1　Pあり
[MAP] P88 A-4

人の世の儚さを祀ったお地蔵さま

源氏との戦いに敗れた平家一門の公家や姫君が丹波路へ逃げる中、落人狩りに捕らえれて命を落としたことを伝え聞いた里人が哀れみ、碑を建てて弔ったのが始まりとされる。首から上の願い事が叶うとされていることから、病気回復や合格祈願に多くの参拝者が訪れる。

7体のうち、6体には顔がついていない

くびきりじぞうそん
首切地蔵尊 〔寺社〕

☎0795-77-2955　丹波市山南町谷川奥山4315-1
[MAP] P88 B-4　→P22、125にも関連記事

タンデムだから、初心者でも気軽に空の散歩を楽しめる

氷上 青垣
Hikami Aogaki

パラグライダーで大空を散歩

　鳥のように大空を飛べたらどんなに気持ちいいだろう、そんな夢を実現できるのがここ。ベテランインストラクターとのタンデムなら、初心者でも簡単なレクチャーを受ければ飛ぶことができる。動力を使わず、自然の風だけを利用して飛ぶパラグライダー。上達すれば、雲の高さまで上昇したり、100kmの距離を飛ぶことも。初めは怖がる人も、高度500メートルを10分ほどかけておりている間に、もっと飛びたいという気持ちになるそうだ。ライセンスを取得したい人は1日計4時間、2週間ほど通えば一人で飛ぶことができる。「女性や体力に自信がない人でも大丈夫です」とスタッフの加藤さん。

ア・ロールアウトパラグライダースクール 〈体験〉

半日体験コース
近くの講習場で、パラグライダーを装着し、斜面を駆け下りながら体が浮く感覚、器具の使い方を学ぶ。

¥ タンデムコース11,300円、半日体験コース6,700円 ※要予約、天候によっては飛べない場合もある ☎ 0795-87-1825 📍 丹波市青垣町市原645-1 Pあり
[MAP] P88 A-1

水音と野鳥の声が森に響き、自然の雄大さを感じる

水のパワーが満ちた、本州一低い分水界

　日本列島を背骨のように走る中央分水界。1,250mのラインを境に、太平洋側と日本海側で気候や動植物の生態が違う。しかし、最東端にある氷上町石生の分水界は区別がはっきりせず、地質学上、生物学上でとても貴重なもの。本州一低い標高95mの分水界としても知られ、北海道や東北に多いカタクリが群生するなど、ほかにはない特色がある。ここに降った雨水は、北に落ちれば由良川に流れて日本海へ、南に落ちれば高谷川から加古川へ流れ、瀬戸内海へ注ぐ。かつては日本海と瀬戸内海を結ぶ連絡路として、水軍物資の集積地として栄えた。公園内には人口の滝や川が流れ、水と親しみながら自然と触れあうことができ、まわりには自然の森林が広がり、ハイキングと森林浴が楽しめる。

みわかれこうえん
水分れ公園 〈見どころ〉

☎ 0795-87-2222（あおがき観光案内所）📍 丹波市氷上町石生 Pあり
[MAP] P88 B-3

外壁は総石造りで、堂々たる雰囲気をただよわせる

ジャンルを超えたコレクションの数々

　加古川を望む地にある、古代ギリシャ神殿をモチーフとした美術館。中国現代絵画や磁器、版画、パプア・ニューギニア民族美術品など、故・植野藤次郎氏の寄贈品や、郷土ゆかりの作家の作品を収蔵。年に5、6回、絵画展や絵本原画展など、企画展や特別展も開催している。

たんばしりつうえのきねんびじゅつかん
丹波市立植野記念美術館 〈見どころ〉

¥ 大人300円、高校・大学生200円、小・中学生100円 ※企画展・特別展は要問合せ
☎ 0795-82-5945 📍 丹波市氷上町西中615-4 🕙 10:00～17:00（最終入館16:30）休 月曜（祝日は営業、翌日休）Pあり [MAP] P88 B-2

氷上・青垣 Hikami・Aogaki

サラダ、パン、ドリンクが付く本日のパスタ

お店の一番人気、ニューヨークチーズケーキ。ホールでの販売もしている

趣のある店内は、緑に囲まれ心やすらぐ空間

野菜をふんだんに使った和ランチ

三角屋根のキュートな一軒屋レストラン

特製デミグラスソースをかけたふわふわのオムライスや、旬の有機野菜をふんだんに使ったパスタなどがいただけるカジュアルな創作イタリアン。デザートの「ニューヨークチーズケーキ」はクリームチーズを50%使い、濃厚でクリーミーな味わい。

かふぇだいにんぐ でん
Cafe Dining田 【イタリアン】

¥ 日替わりランチ820円（14:00まで）、パスタランチ1,080円、ニューヨークチーズケーキ530円
☎ 0795-82-5571　住 丹波市氷上町稲継67-1　営 11:30～15:00、17:30～23:00
休 月曜　P あり　[MAP] P88 B-3

自然に囲まれた古民家カフェ

もとは茅葺だった建物は1908（明治41）年に建てられたもの。「田舎の良さを伝えたくて」と話すオーナーの松井弘文さんが、会社勤めの傍ら2年半かけてリフォーム。重厚な柱や梁は当時まま残る。数量限定の和ランチは、季節によって変わるメインの魚を囲むように彩り豊かな野菜料理の数々。ジャガイモを細くスライスして素麺のように盛り付けたものや、山椒をきかせた茄子の味噌和えなど、ひと手間加えた料理に心が和む。

こみんかしゅんさいかふぇ たまてばこ
古民家旬菜cafe 玉手箱 【和食 カフェ】

¥ 和ランチ1,380円
☎ 0795-82-0229　住 丹波市氷上町中野208　営 8:30～16:00（15:30LO）［モーニング］8:30～10:30、［ランチ］11:00～14:30　休 月～水曜　P あり　[MAP] P88 A-2

吸物、前菜、炊合せ。この月のテーマは「七夕」。爽やかな緑が涼を運んでくれるよう

丹波栗きん豚焼肉セット。目の前で焼いて、塩または自家製のピリ辛ダレで

サクッと薄い衣に分厚い肉がポイントの丹波栗きん豚カツ

気軽だけど本格的
地元で愛される割烹料理屋

「構えず気軽に入れる割烹にしたい」と店構えも内装もこだわった。オープンから3年、常連客がふらりと立ち寄るリラックスできる雰囲気で、彩りも華やかな料理は女性客からの評判も高い。コース料理の内容は月替わりで、季節に合わせたテーマの献立が楽しみだ。

かっぽうふじみ
割烹藤三 【和食】

¥ コース1,500円（ランチのみ）、3,800円～
☎ 0795-82-9220　住 丹波市氷上町成松518-2
営 11:30～14:00 ※要予約、17:30～21:00（LO）
休 月曜　P あり　[MAP] P88 B-2

モダンですっきりした内装の店内

地元の肉屋さんで黒毛和牛と
丹波栗きん豚をガッツリ食べよう

肉屋さんが経営する焼肉屋として、20年以上地元で愛されている店。黒毛和牛もいいが、めずらしいところでは、丹波栗きん豚のカツや焼肉がおすすめ。どちらもヒマラヤの紅塩だけでシンプルにいただくと、脂の甘みが引き立つ。

やきにくいっちゃん
焼肉いっちゃん 【肉】

¥ 丹波栗きん豚焼肉セット（ライス・スープ付）1,500円、丹波栗きん豚豚かつ（ライス・スープ付）1,350円
☎ 0795-87-1605　住 丹波市青垣町佐治105-1　営 11:00～14:00、16:00～22:00（土日・祝日11:00～22:00）　休 月曜（祝日は営業、翌日休）
P あり　[MAP] P88 A-1

全てのメニューに季節の一品が付く

コシがきいた十割そばを
静かな山里で

　静かな山里に佇む、陶芸家のアトリエをリノベーションしたそば処。加古川の源流水で手打ちした十割そばを、挽きたて、打ちたて、茹でたてで提供することにこだわっている。おすすめは、少し甘めのつけ汁でまろやかに味わう「かも汁そば」。

そばどころ おなざあん
そば処 大名草庵、 【麺】
- ¥ 盛りそば1,200円、かも汁そばセット1,800円、さば寿司セット1,600円※全て季節の一品つき
- ☎ 0795-87-5205　🏠 丹波市青垣町大名草1003
- 🕐 11:30～14:30※売切れ次第閉店　休 火・水曜
- P あり　[MAP] P88 A-1

要予約で豪華なお弁当も注文できる

黒井の殿様が泊まった宿で
風情を味わう

　生野から銀を運んだルートにあるかつての宿場町。黒井の殿様が泊まったから「黒井屋」という説があるが、いつ頃建てられたかは不明。食堂では定食や麺類などの気軽なメニューが食べられる。2階は客室4部屋で、ふすまを開ければ大広間になる。

くろいや
黒井屋 【和食】
- ¥ 日替わり定食918円、箱弁当2,160円、ぼたん鍋5,400円、カモ鍋各種3,780円、会席料理3,240円～
※定食以外は要予約
- ☎ 0795-87-0013　🏠 丹波市青垣町佐治597
- 🕐 11:30～不定、17:00～21:30（LO）　休 不定休
- P あり　[MAP] P88 A-1

エビやレンコン、ナスなど定番の天ぷらがおいしい天ざるそば

そばを使った
自家製のデザートも充実

　出雲から仕入れるそば粉を使った自家製そばのほか、うどんや丼メニューも充実。創業以来変わらない割下だしを使った親子丼やカツ丼はリピーターが多い人気商品だ。デザートも自家製で、そばアイスは地元の氷上牛乳にそば粉をブレンドし、そば焼酎を風味付けに加えた大人の味。

いづもあん
いづも庵 【和食】
- ¥ 天ざるそば1,210円、そば定食770円、そばアイス300円
- ☎ 0795-82-4073　🏠 丹波市氷上町市辺361-1
- 🕐 11:00～21:30（21:00LO）※売れ切れ次第閉店
- 休 木曜（祝日は営業）　P あり　[MAP] P88 B-2

ジューシーな本格ソーセージは、お土産に喜ばれる

ドイツ国家認定マイスターが作る
本格ソーセージ

　ドイツで8年間の修業を積み、ドイツ国家認定マイスターを取得したオーナーの手作りソーセージの店。バイエルンの伝統的製法で作られるソーセージは、香り、食感、旨み、どれをとっても一級の味わい。自家製のロースハムや生ハム、ベーコンなどもそろっている。

バイエリッシャーホーフ 【買い物】
- ¥ フランクフルター540円、自家製ロースハム530円、自家製ベーコン500円
- ☎ 0795-80-2983　🏠 丹波市氷上町石生764-1
- 🕐 10:00～19:00（1月～3月は18:00まで）　休 日曜
- P あり　[MAP] P88 B-3

見とれるほど繊細な美しさ

思わず見惚れる
可憐な生菓子

　季節の素材を使った愛らしい和菓子が、毎日20種類以上店頭に並ぶ。「栗ひろい」「くし柿」「丹波栗」など、ほっと心をなごませてくれるものばかりだ。地元でとれた山の芋をすりおろして入れる薯蕷（じょうよ）饅頭はしつこくならないようにザラメを使用。

おかしつかさ あらきほんぽ
御菓子司 荒木本舗 【スイーツ】
- ¥ 丹波栗230円、栗ひろい250円、くし柿230円
- ☎ 0795-87-0108　🏠 丹波市青垣町小倉891-6
- 🕐 8:00～18:30　休 月曜　P あり
- [MAP] P88 A-1

造り、天ぷら、そして四季折々の9種の食材がプレートにのった「味彩めぐり御膳」

一期一会の心がこもった、
大自然の恵を味わう

　お城をイメージした、立派な外観の日本料理店。旬の素材を使った華やかな会席や、有機栽培の小豆を使った和のスイーツなどメニューも充実している。30人で利用できる座敷があり、宴会にも対応可能。

わかこまはくうんかく
若駒白雲閣 【和食】
- ¥ 味彩めぐり御膳2,052円、昼の元気ランチ918円、かにすき・かにちりコース5,400円　☎ 0795-82-4545
- 🏠 丹波市氷上町市辺202-5　🕐 11:00～22:00
- 休 不定休　P あり　[MAP] P88 B-2

氷上・青垣 Hikami・Aogaki

自家栽培の米や野菜、地場産の卵を使った「ふわふわ玉子のオムライス」

ノスタルジックな空間で食べる上等なオムライス

　国指定有形文化財でもある築190年以上の茅葺き古民家がカフェレストランとして再生。ランチは、自家栽培のコシヒカリを使い、鶏ガラでダシをとったバターライスに濃厚なデミグラスソースをたっぷりかけた「ふわふわ玉子のオムライス」。夜はお酒と一品料理でほっと一息。

げんてん
genten　洋食 カフェ

- ¥ ふわふわ玉子のオムライス918円、週替りpizza・pasta各918円、コース料理応相談※3日前までに要予約
- ☎ 0795-87-0169　住 丹波市青垣町東芦田981
- 時 11:00～15:00（14:00LO）、18:00～22:00（21:30LO）　休 月・火曜（祝日は営業）　P あり
- [MAP] P88 B-1

地元内外の人々が集う人の交流から広まる地域再生

さじくらぶ
佐治倶楽部　体験、カフェ

　昔ながらの景観を守りながら、空き家を地域の資源として活用しようと地元の有志が立ち上がった。サークルの活動は7年目になり、関西大学の学生や町外からの仲間も増えた。会員が開催するカフェや茶道教室など、様々なイベントが開催されている。

■ 関西大学佐治スタジオ
関西大学の学生が佐治に滞在し、授業や就業体験、地域行事に参加する拠点、住民と共にイベント企画や料理などを通じて交流する場。入会や空き家使用の申し込みなども受け付ける。

■ 本町の家
大きな掘りごたつと囲炉裏があり、ゆったりとした時間を過ごせる。毎週火～木曜に開催されるカフェでは、手作りのランチやケーキが食べられる。
時 火～木曜 10:00～15:00

■ 衣川會舘
昔ながらの雰囲気が残る2階建ての民家。吹き抜けの大きな空間を生かしたコンサートや、チャレンジショップが開催される。

- ¥ 年会費／一般個人会員3,000円、学生個人会員1,500円
- ☎ 0795-86-7078　住 丹波市青垣町佐治683 関西大学佐治スタジオ
- 時 9:00～17:00　休 日曜（イベントの場合は翌休）　P あり　[MAP] P88 A-1

佐治の町並み

本町の家　　衣川會舘

ハンドメイド好きにはたまらない、機織り体験もできる施設

地域に受け継がれてきた伝統ある丹波布

　木綿と絹糸を交ぜて織った美しい縞模様と素朴な柄が特長の丹波布。江戸から明治にかけて栄えた後、一度は姿を消したものの昭和初期に再興し、「しまぬき」と呼ばれ地元の人々から親しまれていた。丹波布ができるまでの展示や糸紡ぎの体験のほか、小物の販売もある。

たんばしりつ たんばぬのでんしょうかん
丹波市立 丹波布伝承館　見どころ

- ¥ 入館料無料（講座、教室等は有料）
- ☎ 0795-80-5100　住 丹波市青垣町西芦田（道の駅あおがきの隣）　時 10:00～17:00　休 火曜（祝日は営業、翌日休）　P あり　[MAP] P88 A-1

ボリュームたっぷり、手作りのぬくもりが感じられる料理

道の駅内で地元の味に舌鼓

　「道の駅あおがき」にある食堂で、地元の人が愛情こめて手作りする料理が味わえる。おいでな定食は、山芋が入った手打ちの二八そばと混ぜごはん、天ぷらと小鉢、手作りの刺身こんにゃくなどが付く。とれたての野菜を使った付き出しや天ぷらは、野菜の甘みが感じられる。

おいでなあおがき
おいでな青垣　和食 買い物

- ¥ おいでな定食1,250円、ざるそばセット950円
- ☎ 0795-87-2300　住 丹波市青垣町西芦田541（道の駅「あおがき」内）　食堂／10:00～15:50（LO）市場／8:15～17:30（1月・2月9:00～17:00）
- 休 火曜　P あり　[MAP] P88 A-1

厳選された黒毛和牛のステーキや、気軽に食べられる定食メニューもいろいろ

創業36年、信頼のステーキハウス

　昭和55（1980）年創業のステーキハウス。創業以来、品質を守りながら手軽な価格で提供し、遠方から足を運ぶリピーターも多い。肉に合わせるのは2週間かけて作るデミグラスソース、地元野菜が中心のサラダには自家製ドレッシングと、手作りの味が生きている。

すてーきはうすまつば
ステーキハウス松葉　肉

- ¥ 松葉ロースステーキ2,300円～、ビフカツ定食1,600円
- ☎ 0795-82-3755　住 丹波市氷上町市辺589-3
- 時 11:30～15:00、17:00～21:00　休 月曜（祝日は営業、翌日休）、月1回不定休あり　P あり
- [MAP] P88 B-2

春日 市島
Ichijima Kasuga

山の中腹にある赤い楼門はふもとからも見える

自然石を使った野面積みの石垣

晴れた日には京都の愛宕山や丹後の大江山が見えることもある

山が巨大な要塞
典型的な戦国時代の山城跡

　南北朝時代、1335（建武2）年、赤松筑前守貞範が猪ノ口山の頂に城を築いたのが黒井城の始まり。別名保築城、保月城とも呼ぶ山城で、戦国時代となる1554（天文23）年、城主荻野（赤井）悪右衛門直正が改修したのが現在の黒井城跡。標高365メートル、周囲約10キロメートルの小さな山のいたる所に戦のために作られた施設が残っている。兵士が移動する曲輪（くるわ）跡、敵を迎え討つ堀切り、切り崖の跡、草むらには武器に使われた矢竹を見ることもできる。1579（天正7）年、大軍で攻めてきた明智光秀によって落城。山頂には400年以上の風雪に耐えた野面積みの石垣が残り、どこか物悲しい風情を漂わせている。

くろいじょうせき
黒井城跡 〉見どころ

☎0795-70-3501（かすが観光案内所）　丹波市春日町黒井　Pあり ※登山口から山頂まで徒歩約40分。険しいポイントがあるので装備は万全に　[MAP] P88 C-2

関白近衛家ゆかりの
厳かな神社

　746（天平18）年、兵庫の守護神として鎮祭された由緒ある延喜式内神社。病気平癒、交通安全、商売繁盛、福徳開運の神として丹波一円の信仰を集めている。全国に19社ある兵主神社の一社で、関白近衛家との縁が深く、献上物が多く保存されている。鳥居には、内大臣だった近衛基前の書といわれる大きな額を見ることができる。拝殿の裏には鏡石とよばれる岩があり、全ての邪心を祓う奇石として祀られている。

ひょうずじんじゃ
兵主神社 〉寺社

☎0795-74-0392　丹波市春日町黒井2956　Pあり
[MAP] P88 B-2

高石垣とぬり塀が当時の姿を今に伝える
春日局が生まれた地

　黒井城跡を背にした戦国時代の下館（しもやかた）跡。平時はここで城主が政務を行っていた。1579（天正7）年、明智光秀の重臣である斎藤利三が城主となり、お福こと春日の局が誕生した。お福が産湯をつかったと伝えられる「お福の産湯井戸」が残っている。

こうぜんじ
興禅寺 〉寺社

☎0795-70-3501（かすが観光案内所）　丹波市春日町黒井2263　Pあり
[MAP] P88 C-2

春日・市島 Kasuga・Ichijima

森や農の可能性を感じながら
ひとときを過ごす

「宝は田から。里山に実る農産物を大切にして、地元を見直したい」と、代表の荻野拓司さん。都会から移り住んで就農した人を応援し、地元の仲間とともにイベントや情報発信を行っている。自然農法の農園ではブドウや小麦が育ち、工房ではドクダミ茶やジャムを作る。森のツリーハウスでのんびりしたり、バーベキューをしたり、森の空気を味わって開放感にひたろう。

おくたんばのもり
奥丹波の森　　洋食 体験

- 森のカレー600円、森のバーベキュー2,800円（要予約）
- ※農業体験、宿泊については問い合わせを
- 0795-85-0448　丹波市市島町北奥160　10:00～17:00
- 月曜　あり　[MAP] P88 C-2

隠れ家のようなツリーハウス

見晴らし小屋で童心に返る

ほどよい辛さの手作りカレー

農薬、化学肥料不使用
太陽をいっぱいに浴びたお茶

油粕や米ぬかなどの有機肥料を使い、農薬や化学肥料を使わないお茶を栽培、加工、小売まで自社で行う。茶葉を天日干しして熟成させ、鉄釜で焙じた「天日干し赤ちゃん番茶」は全国から注文が入る商品。「手作業のため、生産量が追いつかずお待たせしてしまうこともあります」と店主。店内のいろりは、冬になると実際に火が入って、とってもあったか。ゆっくり試飲をしながらお茶を選ぶことができる。

とくじゅえん
徳寿園　　買い物

- 天日干し赤ちゃん番茶（200g）1,080円、太陽のお茶（80g）540円
- 0795-75-0302　丹波市春日町中山1273　8:00～18:00
- 日曜・祝日　あり　[MAP] P88 C-3

生番茶「太陽のお茶」を焙じたものが「天日干し赤ちゃん番茶」。ティーパックやテトラパック型もある

40年ほどになるという茶の木。年中、手で雑草を刈るそう。その地道さが安心とおいしさの理由だ

丹波栗きん豚(たんばくりとん)を知っていますか?

※本書でこのマークがある店は丹波栗きん豚メニューあり

\ 食べられる店はココ! /

● ほかに丹波栗きん豚が食べられる店
P89 JR柏原駅内、レストラン山の駅　P92 ル・クロ丹波邸
P93 キッチン Chiffon、クチネッタ・コメプリマ　P96 よし宗

多彩な創作料理と丹波栗きん豚メニューを味わおう

父のあとを継いだ息子さんがメニューを刷新。次々に創作料理を考えて地元の人を喜ばせている。まずはビールに合わせて備長炭で焼く焼き鳥、鉄板焼きをオーダー。そして希少な丹波栗きん豚を使った、豚ぺい焼、串カツ、豚鍋など、ここならではの味を楽しみたい。シメの手打ちそばは、丹波栗きん豚のアツアツのつけ汁でぜひ。

豚ぺい焼、串カツ、串焼き、もやし炒め

豚の甘みが際立つ鍋料理

シメは温かいつけそばで

つじよし
辻よし 【和食】

¥ カツ630円、豚串焼き550円、豚ぺい焼き660円、もやし炒め580円、豚鍋(一人前)2,200円〜、つけそば1,300円
☎ 0795-74-0801　住 丹波市春日町野山370-1　営 17:00〜23:00(22:45LO)
休 月曜　P あり　[MAP] P88 B-2

ここでしか買えない希少肉 丹波栗きん豚

ドングリを食べるイベリコ豚がおいしいなら丹波栗を食べる豚だっておいしいはず。商品にならない小ぶりの丹波栗を与えて育てられた豚、丹波栗きん豚は、脂がのって豚特有の臭みがないのが特徴。数が少ないため、丹波の飲食店で料理に使われるほかは、ここでしか販売していない。

サンウエキ 【スーパーマーケット】

¥ 肩ロース100g198円〜、丹波栗きん豚カツサンド1,000円、巻き寿司680円(第1土・日曜のみ)
☎ 0795-74-0013　住 丹波市春日町黒井1555　営 9:30〜20:00　休 なし　P あり
[MAP] P88 C-2

ボリュームたっぷりのたわやスペシャルランチ。オムライスのケチャップごはんが昔ながらの洋食の味でおいしい

ふっくら焼き上がったハンバーグが野菜の上にのり、照り焼きソースがマッチしたロコモコ

自家製ソースで味わう正統派の洋食

大阪でのホテル勤務など、洋食のキャリアが長いシェフは、ソース類も手間を省くことなく、基本に忠実に作る。その最たるものがデミグラスソースで、小麦粉をオーブンで焼いて香ばしさを出し、じっくりと仕込む。ふっくら感そのままに低温で焼き上げたジューシーなハンバーグとデミグラスソースの組み合わせが味わい深い。10種類ほどあるランチメニューでは、ふわふわ卵のオムライスにエビフライ、豚しゃぶ、新鮮野菜のサラダなど、盛りだくさんのスペシャルランチが人気。夜はおまかせコースもあり、料理の相談も可能(要予約)。

キッチンたわや 【洋食】

¥ たわやスペシャルランチ1,400円、ロコモコ900円
☎ 0795-78-9354　住 丹波市春日町古河301　営 11:30〜14:00(13:30LO)、17:00〜22:00(21:30LO)　休 火曜　P あり　[MAP] P88 B-2

土鍋で炊いたおいしいごはんは、もちろん地元産の米

季節のフルーツを使ったケーキ

手作り料理に地元の人がくつろぐ家庭的な雰囲気のカフェ

ランチやお茶に、地元の人の憩いの場となっているカフェ。地元で話題の丹波栗きん豚を使ったカレー、数種類あるケーキなど料理は全てママの手作り。野菜料理が中心の日替わり定食は、3人以上で予約すれば土鍋で炊いたごはんに。黒井駅にも近く、黒井城登山帰りの一服にもおすすめだ。

いちごばたけ
いちご畑 【洋食 カフェ スイーツ】

¥ 日替わり定食1,000円(ドリンクセット1,200円)、コーヒー470円、ケーキセット800円
☎ 0795-74-0887　住 丹波市春日町黒井1573-1　営 9:00〜20:00(木・日曜、祝日は18:00まで)　休 不定休　P あり　[MAP] P88 C-2

春日・市島 Kasuga・Ichijima

New Face
新しくopenしたお店をご紹介

中村シェフの手にはキッズランチ。フォカッチャドーノの具は野菜中心の日替わりで

シンプルなマルゲリータの生地がおいしい

味付けはレモン・バター・塩のみ、さわやかなパスタは「鶏肉と丹波野菜のレモンバターソース」

幼いころ遊んだ園舎そのままに
子連れでも行ける本格イタリアン

　廃校になった保育園がイタリア料理店に生まれ変わった。イタリア語で「大地の恵」という店名のとおり、丹波の食材とイタリアの食材を厳選して料理に仕上げていく中村裕行シェフ。ピッツァは丹波とイタリアの小麦粉をブレンドし、地元の西山酒造場の仕込み水でこねる。わずかに加えた沖縄の海塩の旨みが効いていて、生地だけでワインがいけそうな風味だ。

てっら どーの
terra dono　イタリアン

¥ キッズランチ 540円、ランチセット（サラダ＋パスタまたはピッツァ＋ドルチェ）1,430円
☎ 0795-85-4755　丹波市市島町酒梨156-2　11:30～14:00（LO）、17:30～20:30（LO）　水曜　あり　[MAP] P88 C-2

日替わりランチ900円（月～金のみ）、安のランチ1,700円

個室で食べるホワイトソースの特大エビフライ

　兵主神社のすぐ近くにある、何の建物だろうと思わずのぞき込んでしまった店。靴を脱いで上がる個室、掘りごたつ式のテーブルは足が楽に伸ばせる。安のランチに付く、大きなエビフライは、ふっくらやわらかく、中のチーズソースがとろけて美味。野菜、肉、魚がバランスよく盛りつけられたおかず4品と合わせてボリューム満点だ。

あん
安 -AN-　洋食

¥ 日替わりランチ900円（月～金曜のみ）、安のランチ1,700円、おまかせコース3,700円～（日曜・祝日可、要予約）
☎ 0795-70-3337　丹波市春日町黒井157　11:30～14:00、17:00～22:00 ※夜はコースのみ、完全予約制　日曜・祝日、夜は不定休　あり　[MAP] P88 B-2

タコライスはピリ辛のソースが味の決め手

地元氷上でクレープ屋も経営する店主の竹内真子さん

多彩なランチが食べられる
おしゃれなカフェレストラン

　ランチタイムになると次々に人がやってくる人気のカフェ。ほどよいピリ辛があとをひくタコライスをはじめ、ランチメニューは多彩だ。元々料理屋だった建物なので、50人まで入れる大広間は持ち込み自由のパーティスペースとして活用可能、テラス席ではバーベキューもできる。別腹気分の時は、やさしい味のクレープがおすすめだ。

かふぇ はくほー
CAFE HAKUHO　洋食 カフェ

¥ タコライス（スープ付）800円、チョコクレープ500円
☎ 0795-71-1434　丹波市市島町上垣36-4　10:00～17:00（金曜のみ～22:00※要予約）　火曜　あり　[MAP] P88 C-1

バイエリッシャーホーフのソーセージを挟んだホットドッグとミニオープンサンドのBセット。野菜スープとホットコーヒーまたは紅茶が付く

ドイツパンは予約も可能

本場の味を伝えるドイツパン

　大阪で27年間パン屋を営み、2015（平成27）年にこの地へ。ライ麦粉で焼いたずっしり重いプンパニッケルやサワー種で酸味を効かせたサワーブレッド、ライブレッドなどが並ぶ。のんびりと何種類かのパンを焼いて……のつもりが、ケーキや焼き菓子、ランチまで。「いつの間にかこんなことになっていました」とオーナーの岩坪さんご夫婦。店内では、バイエリッシャーホーフのドイツソーセージを組み合わせた3種類のランチが楽しめる。

たんば ほのヴぉんね
丹波・穂のWonne　パン カフェ スイーツ

¥ Aランチ600円、Bランチ1,000円、Cランチ1,500円
☎ 0795-86-8156　丹波市市島町与戸725-1　10:00～18:00（ランチは16:00まで）　火曜（祝日は営業）　あり　[MAP] P88 C-2　→P29にも関連記事

毎月第2土曜に柏原で開催される「丹波ハピネスマーケット」でも大人気の焼き菓子

かわいらしい外観の店。1階は器や雑貨の販売スペース、2階が客席

田園風景を背にたたずむ
焼き菓子専門店

　扱う商品は「"手仕事"の物にこだわりたい」と話す藤本雄大さん、理恵さん夫妻が営む。チーズケーキやスコーンなどの手作り焼き菓子が10種類以上そろい、看板メニューのチャイは7種類のスパイスをブレンドして作る。ほかにも果物のケーキや、自家製シロップを使ったストロベリーソーダ、レモネードなどが季節に応じて登場する。そろって器好きという夫妻が買い付けてきた焼き物も販売。田んぼが目の前に広がるテラス席で、景色と共に楽しむ丁寧なお菓子と器に心癒やされる。

きゃりーやきがしてん
キャリー焼菓子店　カフェ スイーツ 買い物

¥ ホットチャイ400円、スコーン150円〜、ニューヨークチーズケーキ380円
☎ 080-1416-8857　📍 丹波市春日町中山373　🕐 11:00〜18:00
休 火・水曜（不定休あり）　P あり　[MAP] P88 C-3

牧場直営レストランで霜降り和牛を

　酒造りにも使われる、良質な地下水が流れる市島町。この地で飼育される「神戸高見牛」は、但馬牛系の黒毛和牛を霜降りの肉質に育てた高見牧場のオリジナルブランドだ。その脂は驚くほどあっさりとして、甘みがある。厚切りの霜降りを、さっとあぶり口へ入れると、やわらかい肉の旨みが口いっぱいに広がり、まさに至福の時。「肉は水がつくる」と語る、見事な牛肉を生み出したオーナーの信念に感服する。

ぐるめりあたじま いちじまてん
グルメリア但馬 市島店　肉

¥ あみ焼 特選霜降り5,400円、すき焼 特選赤身3,240円
☎ 0795-85-2612　📍 丹波市市島町上田46　🕐 11:00〜21:00（20:00LO）　休 木曜
P あり　[MAP] P88 C-2

和牛品評会で内閣総理大臣賞に輝いた神戸高見牛

シックで落ち着いた店内

食べたとき、心に丹波の風景が広がるようなやさしい味

日の丸弁当を連想させる
斬新なモンブラン

　スポンジ、カスタード、生クリームを重ね、その上に自社加工したそぼろ状の栗ペーストを贅沢に敷き詰めた「和のモンブラン」。丹波の心を伝え、後世に残していきたいという願いを込めて作られている。店内には丹波ならではの季節感あふれる和洋菓子がずらりと並び、カフェスペースも併設。

ゆめのさとやながわ
夢の里やながわ　カフェ スイーツ

¥ 和のモンブラン1,296円、丹波ロール（栗）1,260円、丹波ロール1,050円
☎ 0795-74-0123　📍 丹波市春日町野上野920　🕐 10:00〜18:00　休 木曜　P あり
[MAP] P88 C-2

112

春日・市島
Kasuga・Ichijima

間伐材を利用した本格的なツリーハウス

ヘルシーな「重ね煮」を取り入れた料理

子どもも大喜び！自然食レストラン

無農薬・無肥料で自家栽培した野菜を中心に、調味料やオイル、洗剤までナチュラルなものを使用するという徹底したこだわりを見せる。調理の中心となる「重ね煮」は、食材を層のように重ねて火を加えるだけ。それぞれの野菜が影響し合って、素材本来の旨みが最大限に引き出される。農業体験やツリーハウスは、子どもたちにも大人気。自然と調和したシンプルな暮らしのお手本となる店だ。

さんしんごかん
三心五観　和食 体験 その他

¥ 三心五観ベジコース2,484円、ワンプレートベジランチ1,944円、重ね煮のベジカレープレート1,944円、食鹿肉のロースト+1,000円、食事+1,000円で農体験も可能
※全て完全予約制
☎ 090-6676-6283　住 丹波市春日町下三井庄159-1　営 11:30～14:00
休 不定休　P あり　[MAP] P88 C-3

見た目も華やかな一皿

甘めのダシに絡む、細めの麺

大根の色が変化するユニークなそば

つるっとしたのど越しの二八そばの上に、緑と紫の2色の大根おろしをトッピング。紫の大根おろしにスダチの果汁をかけると、酸でピンク色に変化する「紫陽花そば」の趣向が楽しい。そのほか、噛みしめるとそばの香りが広がる、粗びき十割そばもおすすめ。

そばんち　麺

¥ 三色辛味大根ぶっかけそば800円、ランチセット1,100円～1,300円、そば膳2,000円
☎ 0795-86-7446　住 丹波市市島町梶原125　営 10:45～16:00（土曜以外の夜は予約制）　休 なし（イベントで年6回休）　P あり　[MAP] P88 C-2

3種類のそばを食べくらべ

十割そば、二八そば、かわりそばの3種類が楽しめる「三色そば」がいち押し。紅芋や小松菜、柚子などの無農薬野菜を乾燥させた粉末を更科粉に練り込んだ「かわりそば」は、季節と店主の気分次第でその日の味が決まる。

たんばのそばどころ たかはし
丹波の蕎麦処 たかはし　麺

¥ まんぷくコース2,000円、ざるそば800円、かけそば800円
☎ 0795-78-9151　住 丹波市春日町平松526　営 11:00～14:00　休 火曜　P あり
[MAP] P88 B-2

丹波の名彫物師 中井権次一統の足跡を訪ねて

　丹波市柏原町を拠点として、北近畿一帯で300近くの寺社仏閣の彫刻を手がけた中井家は、1615〜1619年に行われた柏原八幡宮・三重塔の再建をきっかけに柏原町に定住した。はじめは宮大工として職に就いていたが、4代目言次君音（ごんじきみね）からは彫物師として活躍する。
　中井権次一統による彫刻で特徴的なのは「龍」である。作品の大部分が龍の彫刻で、5代目丈五郎橘正忠の頃から屋号に「青龍軒」を用いている。その迫力と美しさは芸術作品としても高く評価されている。

芦井神社（あしいじんじゃ）

苔生す雰囲気の静かな神社。由緒はわかっていないが、中井権次一統の彫刻だと考えられている。

丹波市青垣町栗住野1019　[MAP] P88 A-1

柏原八幡宮（かいばらはちまんぐう）

三重塔に彫られた鳥などは、中井丈五郎橘正忠と3人の倅の名前が記されている。龍とともにユーモラスな力士も中井権次一統の作であると考えられている。

丹波市柏原町柏原3625　[MAP] P89 B-1
→P19、90、125にも関連記事

文保寺（ぶんぽうじ）

正面の拝殿や扉に、中国の神話を元にした12枚の彫刻が残されている。

篠山市味間南1097　[MAP] P35 B-4　→P21、78にも関連記事

三寳寺（さんぽうじ）

本堂に躍動感のある龍と唐獅子があり、中井権次正貞の名が刻まれている。

丹波市柏原町大新屋571　[MAP] P88 B-3

中井権次一統の作品が残る寺社

寺社名	所在地
済納寺	丹波市市島町上田721-5
円通寺	丹波市氷上町御油983
熊野神社	丹波市青垣町遠阪1645
常勝寺	丹波市山南町谷川2630
延命寺	丹波市山南町小畑314
澤田八幡神社	篠山市沢田523
東吹八幡神社	篠山市東吹字東ノ坪1577
波々伯部神社	篠山市宮ノ前3-2　他多数

丹波市では合計62、篠山市では26の寺社で確認されている。非公開の作品もあるため、拝観の際は声をかけるなどルールを守って鑑賞しよう。
協力：中井権次顕彰会　参考：中井権次の足跡
◎中井権次足跡マップは、一部100円で丹波市観光協会で販売中。

高座神社（たかくらじんじゃ）

別名「蟻の宮」。中井権次一統6代目の作品であろうといわれている。

丹波市青垣町東芦田2283　[MAP] P88 B-1

体験プログラムリスト

ユニトピアささやま
☎079-552-5222　篠山市矢代231-1
休なし　[MAP]P35 C-3　→P9、64、85にも関連記事

◎自然体験
フィールドアスレチック、釣り、夏のプール等、家族で遊べる複合施設。ちびっこ合宿等、施設主催の企画も多くあり、団体でキャンプファイヤーができるお祭り広場など施設も充実。食事、温泉、宿泊も可能。

丹波猪村
☎079-556-2680　篠山市後川上1154
休火曜　[MAP]P34 E-4

◎手作りアスレチック・川遊び・園内の散策/料金 1人300円
管理人自らが考案・制作した遊具が子どもたちに大人気。自然のままの姿を残す谷川を散策すれば、サワガニがたくさんみつかるかも。
◎持込みバーベキュー/料金 1人500円(屋根付き1人600円)
木陰がたくさんあるので、夏場でも涼しく過ごせる。バーベキュー道具のレンタルも可。
◎フリーテントサイトのキャンプ/料金 1張1,500円+1人1泊600円
木々に囲まれて、自然を感じるキャンプサイト。

兵庫県立 ささやまの森公園
☎079-557-0045　篠山市川原511-1　休月曜(祝日は営業、翌平日休)　[MAP]P34 F-3

◎自然体験
登山などのレクリエーション型プログラム、生きものの観察などの自然学習型プログラム、木工・料理・草木染めなどの里山体験型プログラム、間伐・炭焼き・木のおもちゃ作りなどの里山復元型プログラムと、季節に合わせて様々なプログラムを提供する。

兵庫県立 丹波並木道中央公園
☎079-594-0990　篠山市西古佐90
休なし　[MAP]P35 B-3

◎木工体験
製材所と木工施設を備えており、公園の森から切り出した杉やヒノキを使った、大人も子どもも楽しめる木工教室を開催する。
◎農業体験
古代米の一種・赤米や黒豆づくりに取り組み、収穫体験イベントや収穫祭が実施される。

兵庫県立 丹波年輪の里
☎0795-73-0725　丹波市柏原町田路102-3
休月曜　[MAP]P88 B-3

◎クラフト/料金 入館無料、施設使用料や材料費は別途有料
のりもの、積み木ぐるま、フィッシングボート、巣箱、小ぐまのタオル掛け、折りたたみイス、カトラリーボックスなど、対象年齢ごとに様々なものを制作できる。

ハイマート佐仲
☎0795-93-0888　篠山市小坂459-3
休火曜　[MAP]P35 B-2

◎ワカサギ釣り/9月末〜4月末/6:00〜16:30/料金 1日券2,000円、釣具レンタル一式1,300円
関西ではめずらしいワカサギ釣りが楽しめ、釣ったワカサギは無料で天ぷらにしてもらえる。

遊工房
☎0795-76-2121　丹波市山南町和田347
休全て要予約、開催日は問い合せ
[MAP]P88 A-4

◎薬草染め教室/毎月第2土曜他13:30〜/料金 1,000円〜
◎押し花教室/毎月第4日曜他13:30〜/料金 1,000円〜
◎葛つる工芸教室/毎月第3日曜他13:30〜/料金 1,500円〜
◎ハーブ体験教室/毎月第3土曜他13:30〜/料金 3,000円〜
◎フラワー＆ガーデニング教室/毎月1回日曜他13:30〜/料金 500円〜
◎パン作り体験教室/随時/料金 500円
◎陶芸教室/随時/料金 1,000円〜

丹波篠山渓谷の森公園
☎079-555-2323　篠山市後川上1170
休水曜(祝日は営業、翌日休)
[MAP]P34 E-4　→P27にも関連記事

◎栗拾い/9月下旬〜10月上旬/料金 1人1,300円(1kgお土産付)※1日10組まで。9:00〜整理券配布、13:30〜入場開始

福田観光栗園
☎0795-82-1616　丹波市氷上町福田192
休なし　[MAP]P88 A-3

◎栗拾い/9月15日頃〜10月10日頃/料金 入園料500円/持ち帰りは時価※団体のみ要予約

奥丹波ブルーベリー農場
☎090-9707-3766　丹波市島町南1102-5
休なし　[MAP]P88 C-2

◎有機栽培ブルーベリー摘み取り/7月中旬〜8月中旬の午前中/料金 入園料1,000円、小学生800円※要予約

丹波パラグライダースクール
☎090-3030-0864　丹波市島町上田780-2　営7:00〜17:30　休不定休※要問合せ　[MAP]P88 C-2

◎半日体験コース5,000円〜
数mの丘の上から飛び、浮遊感を楽しめる初心者向けカリキュラム。
◎高さ100mタンデム4,000円、高さ400mタンデム11,300円
インストラクターと2人乗りで飛行するコース。
◎ライセンスコース10,000円〜
高度400mから単独飛行を目指すコース。

丹波少年自然の家
☎0795-87-1633　丹波市青垣町西芦田2032-2　休なし　[MAP]P88 A-1

◎自然体験
ロッジ、ログキャビン、テントから選べる宿泊体験施設。家族でもグループでも利用可能。野外炊事、水遊び、アスレチック、サイクリングなども楽しめる。竹とんぼ、竹笛づくり、焼杉細工などのクラフト体験も行っている。

体と心でいっぱい感じる、自然の恵み

体験プログラム ＆ 味覚狩り

自然の恵み豊かな丹波篠山には、木工体験や魚釣り、四季折々の味覚狩りができるスポットがたくさん！体をつかって体験して、遊んで、食べて。家族や友達と一緒に、心にのこるひと時を過ごそう。

味覚狩りリスト

※時季や内容は気候によって変動があるので、必ず事前に確認をしてください。

あぐり丹波
☎0795-86-8070　丹波市氷上町新郷
休不定休　[MAP]P88 A-3

◎イチゴ狩り/1月〜5月下旬/料金 小学生以上1,300円〜2,000円、3歳以上1,000円〜1,400円、3歳未満500円〜700円/持ち帰りは1g1円〜2円※要予約

フルーツファーム春日
☎0795-74-3089　丹波市春日町稲塚448
休不定休　[MAP]P88 B-2

◎さくらんぼ狩り/5月下旬〜6月上旬/料金 2,500円(1時間食べ放題)※要予約
◎ぶどう狩り/9月上旬〜/料金 大人1,300円、子供1,000円※要予約

宝珠園
☎0795-87-0238　丹波市青垣町東芦田2236
休なし　[MAP]P88 B-1

◎桃のオーナー制/7月下旬〜8月中旬/料金 1個200円※要予約

東紫園
☎090-8827-7108　丹波市青垣町東芦田2223-1　休なし　[MAP]P88 B-1

◎ぶどう狩り/8月下旬〜9月下旬/料金 大人1,000円、小人600円/8:00〜17:00※要予約

丹波たぶち農場
☎079-593-0545、090-2353-4808
篠山市口阪本158-3　休不定休
[MAP]P35 B-3

◎イチゴ狩り/1月〜5月末/料金 10歳以上1,650円、3〜10歳1,100円、1〜2歳350円※予約優先
◎黒大豆枝豆狩り/10月/料金 1株450円、5株2,000円

ユニトピアささやま
☎079-552-5222　篠山市矢代231-1
休なし　[MAP]P35 C-3
→P9、64、85にも関連記事

◎田植え体験、稲刈り体験など
◎黒枝豆狩り/10〜11月/1株400円
◎さつまいも掘り/9〜11月/1株400円
※全て要予約

115

お土産セレクション

自宅でも里山の味が楽しめる！丹波篠山ならではの商品を集めました。

30g 810円
芽山椒（しょうゆ漬）
ごはんがすすむ！風味豊かな芽山椒の佃煮。
ココで買える ▶ 田中醤油店 ほか

30g 400円
猪ジャーキー
臭みがなく、低カロリーの猪肉がジャーキーに！
ココで買える ▶ おゝみや、西紀SA

720ml 480円
こいくちしょうゆ
大豆をふんだんに使い、じっくりねかせたまろやかな醤油
ココで買える ▶ 田中醤油店 ほか

黒豆インスタントコーヒー 70g 540円
黒豆珈琲 100g 540円
黒豆コーヒー
農家から仕入れた黒豆を焙煎し、細かく砕いた自家製珈琲 岩崎珈琲
ココで買える ▶ 大正ロマン館 ほか

150g 400円
山の芋飴
山の芋の粉末で作る、醤油味の飴
ココで買える ▶ 季節舗やまゆ ほか

6個入り756円、9個入り1,080円
丹波黒豆 きんつば
艶やかな小豆と香ばしい黒豆がお互いを引き立てる
ココで買える ▶ ぬくもりの郷 ほか

480円 グリーンウエーブ
はたけのお肉の黒豆バーグ
黒豆や山の芋パウダーが入った、体にやさしいハンバーグ
ココで買える ▶ 黒豆の館 ほか

栗羊羹
まるで栗を食べているような、人気の和菓子
ココで買える ▶ 黒豆の館 ほか

60g 350円 グリーンウエーブ
黒豆ふりかけ
黒豆を粗く砕いて、塩分控えめのソフトタイプに
ココで買える ▶ 黒豆の館 ほか

50g 259円
丹波黒 黒豆ドライパック
手軽に食べられる、あっさりした蒸し黒豆のドライパック
ココで買える ▶ 小田垣商店 ほか

純米生 720ml 1800円 狩場酒造場
秀月
米の旨みをたくわえて、すっきり飲みやすい日本酒
ココで買える ▶ 大正ロマン館、昭和百景館 ほか

420円 井上商店
黒豆煮
甘さ控えめに煮た黒豆を真空パックに
ココで買える ▶ 黒豆の館、特産館ささやま ほか

地元の味を楽しむ 田舎バイキング

田舎バイキング食べ放題
（平日70分間 土日祝60分間）

大　人	1,200円	(税別)
小学生	850円	(税別)
3〜6歳	550円	(税別)

[営業時間]
11:10〜15:00
(LO14:00)
★予約は前日までにお願いします。

- ●新鮮野菜市　●喫茶「ビーンズカフェ」
- ●お土産・加工品ショップ　●収穫体験・イベント開催
- ●毎月11日「ささやま手創り市」開催

丹波篠山観光の拠点 黒豆の館

☎ **079-590-8077**

住 篠山市下板井511-2
営 9:00〜17:00
休 火曜（祝日・手創り市の場合営業、翌日休）
P 170台

★当館は「走る県民バス」「グリーン・ツーリズムバス」の対象施設です。観光バス、団体のご利用もご相談ください。

滋味あふれる自然の恵み「猪肉」
国産ジビエ専門店で安心の味

雪がちらちら丹波の宿に
猪がとび込む牡丹鍋

——デカンショ節より——

文化庁認定「日本遺産」

丹波篠山 デカンショ節
民謡に乗せて 歌い継ぐ
ふるさとの記憶

五つ星ひょうご選定

ご家庭用・贈答用発送可

ぼたん鍋特選セット（冷凍30日）10,000円
特選スライス800g、ぼたん鍋味噌3袋、粉山椒1袋

ぼたん鍋ロースセット（冷凍30日）14,250円
ローススライス800g、ぼたん鍋味噌3袋、粉山椒1袋

オリジナルシャルキュトリーセット
●猪ハム・ベーコンセット4,400円
●合鴨燻製・黒胡椒セット4,000円 他

※11月中旬から2月中旬の猟期中は、生切りを100g単位ではかり売りします

丹波篠山 おゝみや 本店

ぼたん鍋、焼ぼたんをはじめ、国産ジビエをお楽しみください。

丹波篠山 おゝみや 三田店 ジビエレストラン

●ご注文・お問い合わせは（月曜〜土曜 9:00〜17:00）
0120-44-0038
HP https://www.oomiya.com/

[本　店] 079-552-0352　篠山市乾新町40
[営業] 9:00〜17:00（冬季は19:00まで）
[休み] 水曜 ※10月〜3月無休

ぼたん鍋ロース
コース6,500円
ぼたん鍋
特選コース5,000円

猪鹿鳥熊焼
ランチ
（夏季限定）
2,500円

[三田店] 079-562-2314　三田市三輪1丁目13-35（JR三田駅北口より徒歩5分）
[肉の販売] 9:00〜20:00（夏季は11:00オープン）
[レストラン] 11:00〜21:00（20:00までの来店、ラストオーダー20:15）
[休み] 水曜、元旦 ※11/10〜1/31無休、[4月〜9月] 毎週火曜・水曜

丹波名物 猪肉専門店 おゝみや　｜しし　おおみや｜　検索

おさんぽマップ

歩いてみつけよう丹波篠山のみどころ

篠山城下町

篠山の城下町をぐるっとひと回り

江戸時代の城下町の形が今も残るエリア。歴史的な建物や古民家を改装したおしゃれな店が建ち並び、見学や買い物を楽しみながらお散歩できる。

篠山市立歴史美術館 →P39
1981(昭和56)年まで使用されていた篠山地方裁判所を改装した美術館。実際の法廷が残され、模擬裁判を体験できる。

鳳鳴酒造 ほろよい城下蔵 →P42
1797(寛政9)年創業の鳳鳴酒造の酒蔵見学施設。国の有形文化財指定の建物に酒造りの道具が展示され、歴史を知ることができる。

丹波杜氏酒造記念館 →P40
灘をはじめとする全国の酒蔵で活躍した丹波杜氏が酒造りに使用した道具や資料を展示し、仕事の流れを紹介。

河原町妻入商家群
江戸時代、商業の中心地として栄え、建物にある千本格子や荒格子、袖壁、うだつなどが往時の姿を今に伝える。国重要伝統的建造物群保存地区。

上級武士が住んでいたが、明治になって殿様と一緒に江戸に行ったため、屋敷は残っていない。

城下町の外には昔から変わらない田園風景があるよ

監修 よでん さちみ
たんばエヌウォーカー倶楽部
ノルディックウォーキング上級インストラクター

距離約4km
篠山城跡と大書院
↓ 0.8km
篠山市歴史美術館
↓ 1.2km
河原町妻入商家群
↓ 0.9km
南馬出
↓ 0.3km
武家屋敷安間家史料館
↓ 0.6km
青山歴史村・デカンショ館
↓ 0.2km
篠山城

S …スタート地点
G …ゴール地点

イベントスケジュール

食、文化、歴史に自然、四季折々の魅力を体感するイベントが満載！

※イベント日程や内容は変更になる場合があります。予めご了承ください。

篠山市 sasayama-shi

丹波篠山味まつり・丹波まるごと味覚フェア 【10月上旬～下旬】
丹波篠山黒枝豆の解禁に合わせ、丹波篠山牛の丸焼きなど、丹波篠山の秋の実りを満喫できる催しが満載。イベント終盤には丹波全域から特産品が集まる「丹波まるごと味覚フェア」が開催される。
場所／篠山城跡周辺・各商店街

ササヤマルシェ 【10月中旬】
手仕事作家や農家、地元の店だけでなく京阪神の人気ショップも集まる。
場所／河原町妻入商家群会場

奇祭鱧切祭 【10月中旬】
集落の安泰を願い、大蛇になぞらえた鱧の頭を切り落とす奇祭。室町時代頃から伝わると言われ、鱧の大きさに驚く。
場所／沢田八幡神社、前沢田公民館

丹波焼陶器まつりと物産市 【10月中旬】
日本六古窯の一つに数えられる丹波焼の魅力を存分に味わえる。約40軒の窯元が出店する陶器市場には、お値打ち品やお買い得品がずらり。兵庫陶芸美術館では参加型のワークショップも開催。
場所／立杭陶の郷、篠山市今田支所周辺、兵庫陶芸美術館、各窯元

春日神社の祭礼 【10月中旬】
大勢の人で賑わう篠山最大の祭り。華やかな9基の鉾山が各町内に飾られ、4基の金神輿が城下町や田園地帯を巡行し、8基の太古神輿が春日神社の境内を練り歩く。
場所／兵庫県篠山市（城下町周辺）、春日神社（篠山市黒岡） →P23に関連記事

本郷春日踊り 【10月下旬】
着物を肌脱ぎした長襦袢姿の小学校中高学年の子どもたち8人が、境内に並べられた円台の上で優雅な舞いを披露する、室町時代末期から伝わる民俗芸能。
場所／春日神社（篠山市本郷）

菊花展 【11月上旬】
満開になった花が花弁の裏を見せて巻き上がる「お苗菊」を中心に、300鉢の菊花が会場に並ぶ。
場所／大手前南駐車場 特設会場

古市義士祭 【12月14日】
赤穂浪士討ち入りの日を記念して、義士の一人、不破数右衛門ゆかりの寺で開催する。地元の小学生が演じる子ども義士行列や、義士そばが振る舞われる。
場所／宗玄寺

大国寺と丹波茶まつり 【6月初旬】
茶どころとして知られる「味間地域」で、おいしい新茶ができたことに感謝して開催される祭り。新茶や茶を使った料理の販売や、茶摘み・手揉み体験、スタンプラリー、餅つき大会などイベントが充実。
場所／茶の里会館、大国寺周辺

水無月祭 【7月下旬】
5つの部落から5台の山車が宮入りし、打ち込み囃子を奉納。指定無形民俗文化財の打ち込み囃子は見事。
場所／住吉神社

波々伯部神社祇園祭 【8月第1日曜日】
毎年奉納される「ダンジリヤマ」と、3年に一度「キウリヤマ」という屋台の上でデコノボウという人形戯を行う「おやまの神事」が開催される。次の「おやまの神事」は2016年に開催。
場所／波々伯部神社 →P23にも関連記事

丹波篠山デカンショ祭 【8月15日・16日】
デカンショ節に合わせ、ヤグラ総踊りを行う。打ち上げ花火や屋台など賑わいを見せる。
場所／篠山城跡三の丸広場周辺（兵庫県篠山市北新町）
→P23にも関連記事

万燈 【9月第4土曜】
2000個近くの灯がともされた境内は幻想的な雰囲気。風に揺らめく炎には、五穀豊穣、無病息災、家内安全などの願いが込められている。
場所／波々伯部神社

蛙おどり 【10月上旬】
「カエロカエロ」の掛け声で踊り手が舞い、豊作を祈る。「蛙おどり」は室町時代から継承される田楽。蛙に似た神社の森の形から、「蛙の宮」と呼ばれている。
場所／小野原住吉神社 →P23に関連記事

「うまいぜ グウ」お酒まつり 【10月上旬の土曜日】
丹波杜氏が醸した酒の利き酒コーナーや甘酒の振る舞いなど、日本酒好きにはたまらないイベントが目白押し。
場所／丹波杜氏酒造記念館（篠山市東新町）

池尻神社人形狂言 【10月中旬※変動あり】
八重垣という若者が宝剣で大蛇を退治し、稲田姫を救う物語「神変応護桜」を人形狂言で奉納する。約260年の歴史を持つ伝統行事。
場所／池尻神社

翁神事 【1月1日】
国指定重要文化財の能舞台で行われる、新年の始まりを告げる元朝能「翁神事」。翁の面をつけた主役が五穀豊穣や延命長寿、天下太平を祈願して舞う。
場所／春日神社能舞台（篠山市黒岡）

丹波篠山いのしし祭 【1月最終土曜】
野生の猪が商店街を駆け抜ける迫力満点の猪レース。1着を当てれば抽選で賞品も。当日限定の丹波バーガーなど猪にちなんだ屋台も楽しい。
場所／篠山城跡周辺（篠山市北新町）

篠山ABCマラソン大会 【3月上旬の日曜】
日本陸連公認篠山城跡マラソンコースに全国から1万人を超えるランナーが集まる、西日本最大のフルマラソンで、熱いドラマが繰り広げられる。
場所／篠山市街

丹波篠山さくらまつり・春の丹波焼陶器市 【4月中旬の土・日曜日】
ステージイベントが充実。丹波篠山の特産品や陶器市なども開催される。夜は、城をとり囲む濠の周りに咲く約1,000本のソメイヨシノがライトアップされ、幻想的な雰囲気に。
場所／篠山城跡周辺（篠山市北新町）

篠山春日能 【4月第2土曜】
加古川の安全と無病息災を祈願する伝統行事。子どもは小さい蛇を、大人は大蛇を稲わらで作り、集落を練り歩く。
場所／春日神社（篠山市黒岡）

にしきシャクナゲまつり 【4月下旬】
和・洋のシャクナゲの展示即売や品評会、苗の配布や栽培講習会が行われる。野外ステージでイベントも開催。
場所／シャクナゲ公園・黒豆の館周辺（篠山市下板井）

やきものの里 春ものがたり 【4月下旬～5月上旬】
立杭にある窯元が工房や窯場を開放し、各所で器にまつわるイベントが開催される。普段は見られない丹波焼独特の登り窯の焼成の見学もできる。
場所／立杭陶の郷、こんだ薬師温泉ぬくもりの郷、兵庫陶芸美術館、各窯元群

御田植祭 【5月10日前後の日曜日】
「奥のたんぼ、口のたんぼ」のはやしを合図に面を付けて農民や牛に扮した3人が、神職役の口上に合わせて田ならしを行う、稲の豊作を祈願する伝統行事。
場所／春日神社（篠山市藤坂）

124

イベントスケジュール

織田まつり・うまいもんフェスタ 【10月中旬】
大人の武者と子ども武者が城下町を練り歩く。同時開催の「うまいもんフェスタ」には丹波の秋の味覚が一堂に集まり、黒枝豆収穫体験などが行われる。
場所／柏原八幡神社周辺・柏原藩陣屋跡
→P22に関連記事

丹波GO!GO!フェスタ 【10月下旬】
市内企業をアピールする丹波市産業交流市やご当地グルメ・物産展、フリーマーケットなど盛りだくさんの内容。子どものためのイベント・キッズチャレンジでは、職業体験やものづくりに挑戦できる。
場所／丹波の森公苑

今出熊野神社 はだかまつり 【11月3日】
病気治療を祈願し病が全快すると、腰にさらしを巻いた男たちが今出川で身を清め、境内の舞堂に集結。「ヨイサ、オイサ」の勇ましい掛け声の中、激しくぶつかり合い、肌を真っ赤にしながら押し合う、丹波の奇祭。市の無形民俗文化財に登録されている。
場所／今出熊野神社（丹波市青垣町遠阪）
→P22に関連記事

もみじまつり 【11月上旬〜下旬】
青垣町の高源寺、山南町の石龕寺、氷上町の円通寺など、紅葉の名所でイベントを開催。
場所／丹波市各所　→P79に関連記事

黒井城まつり 【11月上旬の土曜】
城跡登山や武者行列、春日戦国太鼓の演奏などを見学できる、黒井城跡にちなんだ歴史イベント。子ども向けの催しもあり、家族で楽しめる。
場所／黒井小学校（丹波市春日町黒井）
→P22に関連記事

かどののどかな冬祭り 【12月中旬】
バザーや名物の紫巻き寿司の販売、餅つき大会が開催される。野外のステージでは演芸大会も。祭りの最後には花火が打ち上げられ、冬の空がきらめく。
場所／かどのの郷

三ツ塚マラソン大会 【5月第2日曜日】
3km、5km、10kmから走行距離を選択。竹田川沿いの三ツ塚史跡公園周辺に設けられたコースを市民ランナーたちが駆け抜ける。
場所／丹波市三ツ塚史跡公園

花しょうぶまつり 【6月上旬】
園内には約5万本の花しょうぶが植えられており、6月になると白や紫の花が咲き誇る姿が美しい。フリーマーケットや屋台、ステージイベントも多数開催され、来園者で賑わう。
場所／三ツ塚史跡公園

丹波市 姫ボタルまつり 【6月後半〜7月前半の毎週土曜・計4回】
水辺ではなく、森に生息することから森の妖精を言われている姫ホタル。山南町は、姫ホタルの全国有数の生息地で、ボランティアガイド付きの送迎バスもある。
場所／丹波市山南町

ひまわり祭り 【7月下旬】
開園は7月下旬から8月上旬。30万本のひまわりが一面に咲く様子は、まるで映画のワンシーンのよう。全長600mの巨大迷路や切花体験など、家族みんなで楽しめる企画もある。
場所／ひまわり柚遊農園

愛宕祭り 【8月23・24日】
江戸時代中期から300年以上続く伝統ある祭り。鎮火や五穀豊穣、家内安全を祈願し、護摩供養や造り物を奉納する。フィナーレには、約4,000発の花火が打ちあがる。
場所／佐治川河川敷

丹波の森ウッドクラフト展 【9月中旬〜11月中旬】
1988年から続くクラフト展。コンセプトは「日本人が古の時代から慣れ親しんできた『木』を素材として創作の喜びを追求する」で、応募作品の展示と受賞者の表彰式が行われる。
場所／兵庫県立丹波年輪の里（丹波市柏原町田路）

アートクラフトフェスティバルIN丹波 【10月初旬】
全国から手作り作家が集まり、木工・陶芸・ガラスなどの作品を展示販売。飲食ブースやワークショップも開催。
場所／兵庫県立丹波年輪の里

清住コスモスまつり 【10月上旬、中旬】
休耕田を利用した広大なコスモス畑は圧巻。農作物の販売なども行う。
場所／達身寺周辺　→P17に関連記事

丹波竹田まつり 【10月中旬】
別名六社祭りと言い、丹波竹田の6つの神社の神輿が「お旅」をして一宮神社に集結する。次々と「宮入」する姿は実に雄大。見どころは奴振り行列。
場所／一宮神社　→P22に関連記事

丹波市 tamba-shi

丹波ハピネスマーケット 【毎月第2土曜】
毎月第2土曜に、丹波のこだわり食材や手しごとを大切にする店が集まってマーケットを開催。店の人や街の人々と気軽に言葉を交わせるあたたかい雰囲気が魅力。
場所／柏原町柏原

蛇ない 【1月第2日曜】
加古川の安全と無病息災を祈願する、江戸時代から続くと言われる伝統行事。子どもは小さい蛇を、大人は大蛇を稲わらで作り、集落を練り歩く。
場所／大歳神社

岩瀧寺星祭（節分会）【2月3日】
護摩木に家内安全・諸願成就・厄除けなどを祈願し、護摩供養を行い一年の無事を願う。山門から年男が景品付きの豆まきを行う。
場所／岩瀧寺（丹波市氷上町香良）
→P19、79に関連記事

鬼こそ「追儺式（ついなしき）」【2月11日】
病、水、火、風難の4つの災厄を表す4匹の鬼が厄難を払う。開基の法道仙人が鬼を改心させたという伝説に由来する、600年程前から続いていると言われる式。
場所／常勝寺
→P103にも関連記事

柏原厄除大祭 【2月17・18日】
1,000年以上の歴史がある、日本最古の厄除け神事。深夜0時、境内の灯りがすべて消され、暗闇の中、「青山祭壇の儀」が厳粛に執り行われる。毎年10万人を超える参拝者が音連れるという。
場所／柏原八幡宮
→P19、90、114に関連記事

首切り地蔵尊 春の大祭 【3月中旬】
春秋の大祭には護摩焚きが行われ、大勢の人々が参拝に集まる。首から上の願い事が叶うといわれ、合格祈願者が訪れる。
場所／首切り地蔵尊
→P22、103に関連記事

かたくりまつり 【4月初旬の日曜日】
一面に群生する赤紫色のかたくりは、気温が17度を越え、晴れた日のみ花を開く。開花期間中の日曜日に、各種バザーが開かれる。
場所／丹波市氷上町清住 かたくり山

春日れんげまつり 【5月3日】
高大な畑一面にれんげの花が咲き乱れ、れんげの摘み取りや、あまごの掴み取り、餅つきなどのイベント、特産品の販売も行われる。
場所／丹波市野上野

九尺藤まつり 【5月3〜5日】
見頃は5月上旬から中旬。大きな藤棚から150cmにも伸びた「九尺藤」の無数の花房が美しい。日没後はライトアップも。
場所／白毫寺（丹波市市島町白毫寺）
→P18、79に関連記事

鳳鳴酒造 ほろ酔い城下蔵 ……… 25.42	かち栗最中本舗 井上 ……………… 99	丹波少年自然の家 ………………… 115
ボー・シュマン …………………… 67	かつべえ ……………………………… 96	丹波市立 丹波布伝承館 …………… 107
ほっと・アルジェ. ………………… 86	割烹藤三 ……………………………… 105	丹波市立 薬草薬樹公園 …………… 102
波々伯部神社例祭 ………………… 23	かどのの郷 …………………………… 27	丹波市立植野記念美術館 ………… 104
本家熊野園 石聚庵 ……………… 62	CAFE HAKUHO ……………………… 111	丹波市立柏原歴史民俗資料館 …… 91
ま まけきらい稲荷 ……………… 20	cafe ma-no …………………………… 97	丹波市立休養施設 やすら樹 …… 9
町屋カフェ 栄亀堂 ………………… 49	Cafe Dining 田 ……………………… 105	丹波竹田まつり ……………………… 22
ⓐたにがわ ………………………… 71	岩瀧寺 ………………………………… 19.79	丹波の蕎麦処 たかはし …………… 113
丸八窯 ……………………………… 74	キッチン Chiffon …………………… 93	丹波パラグライダースクール …… 115
三笠鮨 ……………………………… 43	キッチンたわや ……………………… 110	丹波竜化石工房 ちーたんの館 …… 102
美貴 ………………………………… 51	木の根橋 ……………………………… 89	たんば黎明館 ………………………… 92
みたけ ……………………………… 47	キャリー焼菓子店 …………………… 112	辻よし ………………………………… 110
maple cafe ………………………… 48	恐竜楽楽舎 …………………………… 100	terra dono …………………………… 111
麺・トリイザカヤ コヤ麺 ……… 45	銀鮨 …………………………………… 96	てらミート …………………………… 101
monoile …………………………… 60	空華の森 ……………………………… 100	田ステ女記念館 ……………………… 91
や 八上ふるさと館 喫茶 みちくさ … 65	クチネッタ・コメプリマ …………… 93	東紫園 ………………………………… 115
焼肉 いわもと …………………… 46	首切地蔵尊 …………………………… 103	徳寿園 ………………………………… 109
薬膳料理 おかげさん ……………… 70	首切地蔵尊 秋季大祭 ……………… 22	**な** 中島大祥堂 丹波本店 ………… 94
ユニトピアささやま ……… 9.64.85.115	グルメリア但馬 市島店 …………… 112	西山酒造場 …………………………… 25
よね津 ……………………………… 43	黒井城跡 ……………………………… 108	**は** バイエリッシャーホーフ …… 106
ら 6(rock) ………………………… 53	黒井城まつり ………………………… 22	パティスリーカフェ・カタシマ …… 98
わ 和田寺 ………………………… 21	黒井屋 ………………………………… 106	パンの蔵 穂音 ……………………… 29
和風レストラン カフェ そら …… 70	genten ………………………………… 107	ひかみ四季菜館 ……………………… 27
	高源寺 ………………………………… 16.79	白毫寺 ………………………………… 18.79
丹波 エリア	高山寺 ………………………………… 19.79	兵庫県立 丹波年輪の里 …………… 115
あ 愛菜館おなざ ………………… 27	興禅寺 ………………………………… 108	兵主神社 ……………………………… 108
あぐり丹波 ………………………… 115	国領温泉 助七 ……………………… 9	婦木農場 ……………………………… 10
芦井神社 …………………………… 114	小新屋観音 …………………………… 79	福田観光くり園 ……………………… 115
ア・ロールアウト パラグライダースクール … 104	古民家 旬菜cafe 玉手箱 ………… 105	フラワーハウス ……………………… 11
安ーANー …………………………… 111	**さ** 佐治倶楽部 …………………… 107	フルーツファーム春日 ……………… 115
アンティーク&セレクトショップ 三光堂 …97	狭宮神社 ……………………………… 103	宝珠園 ………………………………… 115
板野さんち ………………………… 101	茶寮ひさご …………………………… 100	蓬莱の郷 ……………………………… 27
いちご畑 …………………………… 110	サンウエキ …………………………… 110	HONORATKA TEA ROOM ………… 95
いちじま丹波太郎 ………………… 27	三心五観 ……………………………… 113	本庄豆腐店 …………………………… 98
一菓喜心 明正堂 …………………… 99	三寶寺 ………………………………… 114	**ま** まさゆめさかゆめ …………… 98
いづみや製菓 ……………………… 101	三友楼 レストラン四季彩 ………… 95	道の駅 丹波おばあちゃんの里 …… 27
いづも庵 …………………………… 106	JR柏原駅 ……………………………… 89	南中一宮神社 ………………………… 103
今出熊野神社 はだか祭り ………… 22	JA丹波ひかみ とれたて野菜直売所 … 27	水分れ公園 …………………………… 104
慧日寺 ……………………………… 18.79.103	ジュイール ……………………………… 29	無鹿 …………………………………… 95
円通寺 ……………………………… 19.79	常勝寺 ………………………………… 103	めがね工房+ラクーラ ……………… 97
おいでな青垣 ……………………… 107	新鮮野菜直売所 夢楽市場 ………… 27	**や** 焼肉いっちゃん ……………… 105
御菓子司 荒木本舗 ………………… 106	スイーツ・チェリッシュ …………… 99	やぐら公園と時の太鼓櫓 …………… 91
御菓子司 藤屋 ……………………… 101	ステーキハウス松葉 ……………… 107	山名酒造 ……………………………… 25
奥丹波の森 ………………………… 109	石龕寺 ………………………………… 79	遊工房 ………………………………… 115
奥丹波ブルーベリー農園 ………… 115	千華 …………………………………… 15	夢の里やながわ ……………………… 112
織田神社 …………………………… 90	そば処 大名草庵、 …………………… 106	よしだ屋 ……………………………… 29
織田まつり ………………………… 22	蕎麦と料理 和さび …………………… 93	よし宗 ………………………………… 96
小野尻庵 …………………………… 11	そばんち ……………………………… 113	**ら** ル・クロ丹波邸 ……………… 92
Olmo ……………………………… 14	**た** 太鼓櫓 ………………………… 91	ロンドン ……………………………… 29
か かいばら観光案内所 ………… 91	高座神社 ……………………………… 114	**わ** 若駒白雲閣 …………………… 106
柏原八幡宮 ………………… 19.90.114	達身寺 ………………………………… 17.79	
柏原藩陣屋跡と長屋門 …………… 89	丹波・穂のWonne ………………… 29.111	
	丹波旬菜 田舎屋 …………………… 95	

INDEX

篠山 エリア

あ
- RH Bagle ……… 50
- アインコルン ……… 28
- 青山神社 ……… 38
- 青山歴史村・デカンショ館 ……… 39
- あかじゃが舎 ……… 58
- 一眞坊 ……… 71
- 稲右衛門窯 ……… 77
- 岩崎珈琲 ……… 54
- いわや ……… 67
- 器とくらしの道具ハクトヤ ……… 52
- 王地山公園 ささやま荘 ……… 7.84
- 王地山陶器所 ……… 41
- 應需細工所 ……… 53
- お>みや ……… 54.117
- お菓子屋 豆畑 ……… 61
- 奥栄 ……… 67
- 小田垣商店 ……… 42
- 追手神社 ……… 79
- おばんざい屋 旬菜 又兵衛 ……… 46

か
- CASA DEL AMICI ……… 44
- 蛙おどり ……… 23
- 篭坊温泉 民宿 湯の壺 ……… 6
- 春日神社の祭礼 ……… 23
- 鹿生堂 ……… 57
- 活魚割烹 宝魚園 ……… 63
- Cafe ARBOUR ……… 47
- Cafe朝日 ……… 50
- cafe&Atelier 里山工房くもべ ……… 13
- 雅峰窯 ……… 74.76
- 狩場酒造場 ……… 23.24.63
- 岩茶房 丹波ことり ……… 48
- kiji nichijo ……… 53
- 季節舗 やまゆ ……… 27.55
- 草道p.b.i ……… 51
- 弘誓寺 ……… 21
- 栗屋西垣 ……… 56
- 黒豆の館 ……… 64.116
- 黒豆の館 新鮮野菜市 ……… 27
- グンゲピッツァ ……… 47
- 恵山 ……… 49
- 高蔵寺 ……… 20.78
- 虚空蔵 ……… 72
- ごちそう家 はなばら ……… 60
- cotonova ……… 53
- 小西のパン ……… 28
- コミュニティキッチン結良里 ……… 59
- 古民芸茶屋 四季折々 ……… 48
- 小麦工房 麦の穂 ……… 29
- こんだ旬菜市 農 ……… 27.73
- こんだ薬師温泉 ぬくもりの郷 ……… 73.84

さ
- 彩食健美 愛食 ……… 13.86
- 酒井七福堂 ……… 56
- 魚菜 うえばら ……… 60
- さぎ草グループ ……… 73
- 篠山城跡と大書院 ……… 38
- 篠山城下町ホテルNIPPONIA ……… 4.5
- 篠山市立歴史美術館 ……… 39
- 篠山能楽資料館 ……… 41
- ささやまホロンピアホテル ……… 60.85
- 里山旬菜料理 ささらい ……… 65
- 悟窯 ……… 76
- JA丹波ささやま 味土里館 ……… 27.29.32
- 獅子銀 陶の郷店 ……… 72
- 自然薯庵 ……… 62
- 集芸館 ……… 72
- 集落丸山 ……… 5
- 集落丸山 ろあん松田 ……… 66
- 十割そば 丹波篠山 一休庵 ……… 47
- 旬彩・地野菜 みやま ……… 70
- 旬菜千味 さぎ草 ……… 73
- 省三窯 ……… 77
- 昇陽窯 ……… 77
- 松隣寺 ……… 64
- 昭和百景館ささやまや ……… 55
- 白穀五粉 ……… 28
- 白椿／古道具 ツバクラ ……… 59
- 信水窯 ……… 75
- 新たんば荘 ……… 8
- 信凛窯 ……… 77
- スイーツファクトリー ……… 61
- 末晴窯 ……… 75.77
- 水刺間 ……… 70
- 諏訪園 インター店 ……… 61
- 清明堂 ……… 57
- 膳所 丹南茶寮 ……… 63
- 創作遊料理 割烹 うお清 ……… 65
- 蕎麦切 ゆる里 ……… 71

た
- 大雅工房 ……… 76
- 大國寺 ……… 21.78
- 大正ロマン館 ……… 55
- 時夢館 ねじき蕎麦 ……… 71
- 夛左ヱ門 ……… 62
- 立杭 陶の郷 ……… 72
- 田中醤油店 ……… 66
- 玉川楼 ……… 46
- たまごかけごはんの店 玉の助 ……… 70
- 丹水窯 ……… 77
- 丹泉窯 ……… 75
- 丹窓窯 ……… 77
- 丹波チキンの洋食レストラン ペサパロ ……… 71
- 丹波 源右衛門窯 ……… 74
- 丹波猪村 ……… 115
- 丹波栗菓匠 大福堂 ……… 57
- 丹波古陶館 ……… 41
- 丹波篠山 近又 ……… 8
- 丹波篠山 ジグザグブルワリー ……… 69
- 丹波篠山 雪岡市郎兵衛洋菓子舗 ……… 51
- 丹波篠山渓谷の森公園 ……… 115
- 丹波篠山渓谷の森公園 ふるさと部会 青空市 ……… 27
- 丹波旬の市 南部店 ……… 27
- 丹波そば切り花格子 ……… 46
- 丹波たぶち農場 ……… 115
- 丹波杜氏酒造記念館 ……… 40
- 丹波焼窯元のパン屋さん ルーンカフェ正元窯 ……… 29
- 丹文窯 ……… 74
- ちいさなパン畑 ……… 29.61
- 千代市陶房 ……… 74
- 壺市 ……… 76
- 手打ち蕎麦 くげ ……… 67
- デカンショ祭り ……… 23
- 手作りアイス 和 ……… 73
- 手作り豆腐工房 夢豆腐 ……… 73
- Dente di Leone ……… 45
- 陶勝窯 ……… 76
- 洞光寺 ……… 79
- toast! ……… 28
- DONO ……… 72
- 特産館ささやま ……… 32.55
- 俊彦窯 ……… 77
- Dog garden&coffee ちわわん ……… 59
- トラットリア アル ラグー ……… 12.28.68

な
- 和みパン みのりや ……… 29
- ナチュラルバックヤード ……… 53
- 波之丹州蕎麦処 一会庵 ……… 62
- 肉の東門 ……… 28.54
- ぬくもり亭 ……… 73
- Nelio ……… 66
- NONOHANA ……… 28.69

は
- ハートピア青空市 ……… 27
- バートリア ……… 28.45
- ハーブガーデンカフェ アニス ……… 72
- 梅角堂 ……… 56
- ハイマート佐仲 ……… 115
- 箱鮨 澤藤 ……… 43
- ビスヌ ……… 61
- 日の出すし ……… 43
- 兵庫県立 ささやまの森公園 ……… 115
- 兵庫県立 丹波並木道中央公園 ……… 115
- 兵庫陶芸美術館 ……… 72
- 広岡製菓 ……… 57
- ファミリーダイニング バラバラ ……… 60
- フォレストアドベンチャー ……… 30.31
- 武家屋敷 安間家史料館 ……… 40
- 藤森芳酵堂 ……… 29
- futaba cafe ……… 65
- 葡萄屋晴治郎 ……… 54
- 文保寺 ……… 21.78.114

くるり 丹波・篠山
ゆったり、のんびり近場の楽園

2016年9月16日初版第一刷発行

編著者	ウエストプラン http://www.west-plan.com
発行者	内山正之
発行所	株式会社西日本出版社 http://www.jimotonohon.com/ 〒564-0044 大阪府吹田市南金田1-8-25-405 【営業・受注センター】 〒564-0044 大阪府吹田市南金田1-11-11-202 TEL.06-6338-3078　FAX.06-6310-7057 郵便振替口座番号　00980-4-181121

Staff

編集長	松田きこ
編集・取材	並河智子 山本宴子 安田良子
編集サポート	真名子陽子／木村桂子／竹中悠
撮影	草田康博／谷口哲／山口千予／楢侑子
デザイン	永谷健一（CREATIVE LAB） 猪川雅仁（TAKI design） 木間弓香（TAKI design） 兼田彰久（KANEDA GRAPHIC）
モデル	荒木礼子 P4、12、30、31、78 AZUSA（ルーセント）表2、P9、85
イラスト	松田志織
マップ制作	庄司英雄
広告	株式会社ウエストプラン
印刷・製本	図書印刷株式会社

©2016 ウエストプラン Printed in Japan
ISBN978-4-908443-09-1

乱丁落丁は、お買い求めの書店名を明記の上、小社宛にお送り下さい。
送料小社負担でお取り換えさせていただきます。

Special Thanks

丹波市観光協会
篠山市役所　農都創造部　商工観光課
篠山市まちづくり部地域計画課景観室
篠山市商工会／篠山市観光協会
余田幸美さん／村上正樹さん／谷水ゆかりさん
園田あゆみさん／サンウエキの皆様

取材・制作にご協力いただきました皆様に、心よりお礼を申し上げます。

編集後記

大阪から丹波篠山に通いはじめて9年。今回も楽しい取材の日々でした。私たちが出会ったたくさんの素敵な人や食やモノを、読者の皆様と共有したいと思っています。この本を持って、ぜひ丹波篠山にお出かけください。